斎藤一人

我慢しない生き方

斎藤一人　舛岡はなゑ

ぴあ

はじめに

この本を手に取っていただき、心から感謝いたします。
実業家の斎藤一人さんの弟子、舛岡はなゑです。

私は「我慢」と言う言葉は、子どもの頃から好きではありません。
特に、納得のいかない我慢は、絶対イヤでした。

ある日、突然
私と同じ気持ちの人に出会いました。
それが斎藤一人さんです。

その日から
我慢しないで成功する方法を
たくさん教わりました。

このすばらしい体験を
必要としているみんなに伝えたくて
ペンを取りました。

斎藤一人名代　舛岡はなゑ

CONTENTS

第2章 我慢しないって、こんなにスゴい！――29

CONTENTS

CONTENTS

本書には「神さま」という言葉が繰り返し出てきますが、ここでは、私たちの命を創造した「大いなるエネルギー」を指しています。特定の宗教における神さまではありませんので、そのことをお伝えしておきますね。

第1章

「我慢しない」を貫く二人の対談

一人さんは「我慢しない生き方」しかできない。でも、我慢していた方がラクな人もいるんだよね。

はなゑさん　一人さんをはじめ、私たち一人さんの弟子たちは、我慢しないで、仕事も運も手に入れてきました。ところが、多くの人が「我慢して我慢して、ずっと苦しかった」って言うんです。そこで、今回は「我慢しない生き方」をテーマに本を書こうと思ったんです。

一人さん　一人さんはね、ほんとに小さいころから我慢なんか、しなかったね。親の言うこととか、先生の言うこととか、まったく聞かなかった（笑）。だから、我慢している人の気持ちは、まったくわからないんだよね。

とにかく、嫌いなものは嫌いなんだよ。そういう性分なんだ。だから、やりたくないことはしなかった。

中学もまともに行ってないし、高校は行かなかった。親は、「高校に行け」「大学に行け」ってね、うるさく言ったけど、断固として行かなかった。

はなゑさん　一人さんは、そういうところは徹底してますよね。

一人さん　中学卒業して社会に出たから、会社のエリートになるとか、官僚になるとかは、考えなかったけど、企業家ならなれるだろ？　社長になれば、学歴は関係ないからね。やりたいことができるだろ？

我慢しないで成功する、これが一人さん流の考え方なんだよ。

ただね、これがすべての人にあてはまるとは限らないよ。そこのところだけは、わかってほしいんだ。

我慢している方がラクだって人もいるんだよ。こういう人は、我慢という難物に挑戦しているんだね。そのままでもいいんだよ。人はそれぞれなんだ。

はなゑさん　我慢している方がラクという人もいるんですね。でも、4章でも出てきますが、私のまわりには、我慢をやめて幸せになった人がいっぱいいます。そういう人に我慢をしない方法を教えてあげたいんです。

我慢しない代わりに、我慢しない道を選ぶ。あの手この手があるんだよ。

はなゑさん　一人さんは、学校が嫌いって言ってましたけど、人にものを習うのが基本的に好きじゃないですよね。何年か前に仲間で旅に出て、勾玉（まがたま）を作ったことがありました。勾玉づくりの先生が教えてくださるのだけど、一人さんは説明も聞かず、目の前の材料でさっさと作り始めちゃった（笑）。

一人さん　そうだね。人に習ったら、先生と同じようなものができちゃうだろ？それじゃぁ、個性ってものがないよね。

一人さんしかできないものが、欲しいの。これが一人さん流だね。そして、人を真似することなく自分が楽しんで作るから、他にはない唯一無二のものができちゃうんだ。

はなゑさん　そういう一人さんの考えが、「銀座まるかん」の商品づくりにも役立っているんですね。

我慢しないエピソードと言えば、一人さん、渋滞も苦手ですよね。よくみんなでバンに乗って旅をしますが、渋滞にはまると、渋滞には留まらずに違う道に行っちゃう（笑）。

一人さん　渋滞は嫌いだね。止まっているより動いている方がいいんだよ。3倍時間がかかっても、遠回りしてでも、空いている道を選ぶ。せっかちなんだよね（笑）。遠回りしている間に、素敵な風景を見たり、そのときの風を感じたりできるしね。

渋滞していてもそのままの方がいいという人もいるし、時間がかかっても他の道で走りたいという人もいる。これも人それぞれなんだね。

はなゑさん　一人さんは、やりたくないことはやらないけど、我慢しない代わりに、違う道を選ぶ。我慢しない道をいろいろ見つけて、楽しい方法を探し出す。そういう部分が、本当にスゴいんです。

一人さん　納税日本一になったころ、あちこちから「政治家になりませんか」って聞かれたけど、国会に召集されて、議会に入っても5分と持たないよ。黙ってじっとなんかしてられない。だから、政治家にもなれないね（笑）。

イヤな話より、いいニュースを受け入れることで、神からのひらめきをいただくことができるんだ。

はなゑさん　昔は、多くの人が我慢を強いられていました。それはしかたがないことだったと思います。でも、もう我慢する必要のない時代になったと思うんです。

一人さん　その通りだね。我慢に我慢を重ねてきた、先人がいるんだよ。簡単に食べ物が手に入らない時代もあった、暖房もない家で寒さを忍んで暮らす時代もあった。戦争のときなんて、上からの命令には逆らえない。我慢するしかないよね。昔の人は、我慢しなくちゃ、生き延びられなかったんだよ。

今は、こういう先人の犠牲の上に、快適な生活と自由が得られている。令和になってさらに、我慢しなくても生きていける時代がやってきたの。

「いつまで、我慢してるんですか？」ってことだよね。

さっきも言ったけど、我慢しているのが得意技の人もいる。そういう人も、我慢している方が生きやすいんだ。だから、我慢が好きでそれでうまくいっている人は、そのままでもいいんだよ。どれが正解なんてないんだよ。

ただね、一人さんのように我慢しないで、うまくいっている人もいる。これは、まぎれもない事実なんだ。そして、これから生まれてくる子は、我慢しないでありのままに生きる子どもが増えてくる。自由な魂を持って生まれてくる。そういう世の中になることは、わかっておいた方がいいね。

はなゑさん　我慢しないと言えば、急に思い出した（笑）。一人さんは連続テレビ小説の『おしん』を見るのが苦手でしたね。我慢して、我慢して、苦労の果てに、成功するというサクセスストーリーだったけれど、貧乏していたり、いじめられたりする場面を見たくないって。

一人さん　見ていて耐えられる人の方がすごいよ。これこそ、我慢できないね。人がいじめられるのとか、貧乏で苦しむとか、見たくないんだよ。

一人さんは、暗い番組とか、悲惨なニュースとか、なるべく見ないようにしているの。見ても、心の中に留めない。

世の中の人間って、そんな悪い人ばかりじゃないんだよ。いい人の方がうんと多いんだよ。

はなゑさん　同じニュースを見ていても、悲惨な話が印象に残るか、楽しくて明るい話題が印象に残るかで、運は変わってくるものです。

一人さんは、テレビで放送されたちょっとした話題や、アナウンサーが話した一言が、アイデアのもとになるって言いますよね。

何かが、ビビッっとくるんですか？

一人さん　そうなんだよ。神さまがくれた〝ひらめき〟だね。テレビだけじゃない、本や雑誌もそう、街を歩いたとき見つけた看板でも、急にひらめくことがあるんだ。もちろん、はなゑちゃんやお弟子さんたちと話をしているときも、タクシーの運転手さんやお蕎麦屋さんと話しているときもね。ちょっとしたキーワードが、〝うまくいくヒント〟になるんだ。

未来は絶対に明るい。ドンドンよくなっていくの。これは、神が望んでいることだよ。

はなゑさん　素敵なこと、楽しいことに目を向けることで、神さまからご褒美をいただけるんですね。逆にイヤなことを考えていると、本当にイヤなことが続くものです。

一人さん　そうだね、不安なことがあると不安を呼び寄せてしまうんだ。意識を楽しいことに目を向けると、「未来は明るい」ってことがわかるんだよ。

この間も、ニュースで、学生が二酸化炭素を除去する研究に成功したって話を見たんだよ。こんな話は、嬉しいし、ワクワクするよね。未来はすごく明るいし、今よりもっともっとよくなるって感じさせてくれる。

「これからは、今以上にもっとよくなる」。そう思える人に、幸せな未来がやってくる。これは、事実だよ。

「四方よし」の考えで仕事をすると神さまが味方してくれるんだ。

はなゑさん　「銀座まるかん」は、サプリメントや化粧品を企画している会社ですが、商品を作るとき苦労なんかしたことはないですよね。大手の会社は、一つの商品研究をするのに、5年も10年もかかるし、何百人もの人を雇っています。でも、一人さんは、これを一瞬にしてひらめいちゃうんです。

一人さん 〝神のひらめき〟をもらっているからね。

はなゑさん 本当に、一人さんって「今、これだ」ってことが一瞬でひらめくね。商品が浮かんで、成分も調合割合まで浮かんでくるんです。どんな大手より早く商品化できちゃう。

一人さん ただね、神が認める商品を作るのには、順番があるの。この順番を間違ったらいけないんです。

商売は「四方よし」って言ってね、第一に「神が喜ぶこと」、第二に「世のためになること」、第三に「人のためになること」、そして最後に「自分のためになること」を考えることなんです。

ここからなんだけど、世のため人のためになるんだから、売れなきゃいけないし、儲かるのが当たり前なの。だけど、世の中の人は「世のため人のためになるなら、儲けなくてもいい、自分が我慢してもいい」って思っちゃう。それじゃぁ、いくら世のためにいいものを作っても、広めることはできないんだよ。作ったら、稼がないとダメなんだ。

はなゑさん　「儲からなくては、世の中のため人のためにならない」ってことですね。

一人さん　自分を犠牲にしてはいけない、ということなんです。
それに、儲けが出なくては、継続することはできないよね。儲けがあれば、跡を継ぎたいという子どもも出てくるの。子どもや世間が継続したいと思うようなものを作ることなんだよね。

世のため人のためになるものを考える。さらに、それで儲ぎたいと願えば、神は味方をしてくれる。そして、願いを叶えてくれるんです。一人さんは、それで成功してきたんだよ。

はなゑさん　「世のため人のため」に、どう努力すべきでしょうか？

一人さん　「世のため人のため」って言うと、何か大きいことに感じるかもしれないけど、基本は自分の機嫌を取って、笑顔でいることなんだ。それだけでまわりがなごむんです。そういう小さなことの積み重ねで、世の中がよくなっていくからね。

もめ事って、機嫌が悪い者同士が起こすんです。戦争は、その最たるものと言えるよね。

自分の波動を上げていけば、まわりもだんだん幸せになっていく。まずは自分だよ。

はなゑさん　「きちんと税金を払う」というのも一人さんの信条ですよね。

一人さん　日本の国は税金で、福祉や学校やいろんなことを賄っているんです。だから、儲かったらその分、税金を払うのは当たり前。税金が増えれば、国は豊かになるんだからね。

いつも、神に協力することが大切なの。神に協力すれば、神が私に協力してくれる。必ず豊かになれるんです。

神に協力するって、どういうことかですか？　っていうとね、神は常に、未来をよくしようとしているの。だから、さっきも言ったけど、「未来は明るい」って、希望を持つことなんだ。

暗いことばかりに目を向けていては、豊かにも幸せにもなれないんだよ。

はなゑさん　先日、肉の細胞から培養して、新たな肉を作り出すことができるというニュースを見ましたが、こうした科学の進歩で、食糧難を改善できるんですね。大気汚染だって、温暖化だって、みんなのアイデアと技術で、よりよく変えることはできるもの。

世の中、よくなるって思わないといけないですよね。

一人さん　世の中は絶対よくなるの。一人さんもよくなるし、みんなもよくなる、日本もよくなるし、地球もよくなる。いい方向に向かっているんだよ。これは、神が望んでいることだからね。

そして、未来が明るいと感じると、いろんなメッセージがもらえるんだよ。一人さんのようにね。

はなゑ先生　「未来は明るい」「世の中がよくなる」と思うためには、どうしたらいいのでしょうか？

一人さん　「思い」をいい方へ変えていくことだね。
たとえば、満員の通勤電車のおじさんを見て、「仕事で疲れていて大変だな」って見るんじゃなく、「あの人たち、会社でモテ過ぎて疲れてるんだな（大笑）。会社には美女がいっぱいいるんだろうな（笑）」って見てあげる。すると、一人さんの世界がバラ色になるの。見られているおじさんたちも波動が上がって、いい方にいくんだよ。

はなゑさん　自分の波動を上げることなんですね。

一人さん　そうだね。自分の波動を上げていると、家族やまわりの人も上がってくるからね。まわりの人がどんなに不機嫌でも、自分だけは機嫌よく楽しくふるまうことなの。

斎藤一人って人間は、常に上機嫌で波動を上げている（笑）。

はなゑさん　一人さんの波動が高いから、常に大勢のファンがいるんですね。

一人さん　何度も言うけど、我慢している人も、生き方が間違っているワケじゃない。波動が高ければ、我慢もアリなんだ。

「オレは我慢強いから、そのおかげで絶対よくなる」って思えるなら、大丈夫。そういう人は、我慢していても成功するよ。

「〜だから困っちゃう」じゃなくて「〜だから成功しちゃう」に変えちゃうことだね。

今の時代、いろんな選択肢がある。そして、どれもが正しいんだ。

はなゑさん　ただ、一人さんやお弟子さんのように、「我慢しないでドンドン成功しちゃう人がいる」ってことを知ってもらえるといいですね。

一人さん　オレたちのように我慢しない生き方の方が、断然楽しいからね（笑）。

第2章

我慢しないって、こんなにスゴい！

私の師匠、斎藤一人さんも我慢しないを貫いて、運を手にいれていることが1章でもわかったと思います。

我慢しない、ありのままに生きていて、人に嫌われることなどなく、たくさんのファンに囲まれています。誰より愛されているお金持ちです。

そして、私も我慢しないで育ったひとり。どう育ってここまで来たか、我慢しないという生き方とはどういうものなのか、その奇跡をちょっと紹介しますね。

自由に育てられた子ども時代

私って、小さいころから我慢をしたことのない子だったんです。本当に、両親から自由にのびのび育ててもらいました。

そう言うと、我が子に甘くてわがままに育てられたように聞こえますが、そうではないんです。うるさくしていたら「静かにしなきゃダメよ」って言われたり、危ないところには「近づいちゃいけないよ」って普通に注意はされていました。**ただ、理不尽に怒られたり、その日の気分で注意されるようなことがなかったのです。**

「いい成績を取りなさい」とか「帰りが遅い」とか言われたこともない。ちゃんと連絡したり、理由を言えば、帰りが遅いのも許してもらえた。成績がよくても悪くても、何かしらほめられてました（笑）。また、「友だちを大切にしな」って、遊ぶことをすごく応援してくれました。

箸の上げ下ろしも細々言われたことはありません。だから今でも箸の持ち方はへたくそだけど（笑）、「箸の持ち方が悪い」とか冷たく怒られることもなかった。それに、「女の子だから〜しなさい」とか、「〜だから、お前はダメだ」とか言われることもありませんでした。むしろ「お前は強情っぱりだなぁ。そういうところはオレに似てるよな〜」なんて、からかわれていました。

高校受験で第一志望に受からなかったとき、さすがに落ち込んでいたら「そんなことで悩んでいるのか？　長い人生ではたいしたことはないよ」と言ってくれたのはパパちゃん（私は父をこう呼びます。母はママちゃん）でした。そして、**「受かった学校が一番いい学校なんだ」と教えてくれました。**

パパちゃんは、いつもユーモアに富んでいて、おもしろい人でした。よく私のことをからかっていましたが、小さなことでゴチャゴチャ言わない、器の大きい人でしたね。そして、どんなときでも前向きで、私の味方でした。パパちゃんがいれば、「何があっても大丈夫」という安心感がありました。

ママちゃんは、おしゃれが大好きな、可愛い人。そして、分け隔てなく人のために尽くしていました。子どもにも愛情が深くて、私のことを、いつもほめてくれました。「はなちゃん、今日の洋服素敵ね」「私の娘はキレイだわ」「こんなことができるなんて、スゴい子ね」ってね。

とても愛情たっぷりの両親だったと思います。どんなときでも私のことを信じてくれていました。

学校の友だちには「はなちゃんは、いつも好きなことをやっていて、うまくいってるよね」って言われたけれど、本当に不満なんかなく、毎日が幸せでした。みんなは、好きなことをやっていないのかしら？　という、疑問さえありました。

私は、好きなことをやって、成功してきた。その確信がありました。

我慢しない生き方のポイント1

好きなことをやるとうまくいくと、信じてみる。

友人に囲まれていた学生時代

友人に恵まれていた私は、中学までは嫌いな子なんていませんでした。ただ、高校に入って、女子高だったこともあるのかな、多少嫌味を言う子も出てきました（笑）。初めは、入学したばかりだし、私も黙っていたのですが、黙っていると相手もつけあがるんですね。何度も嫌味を言われては困るなと思い、「やめてくれる？」とピシャッと言ってみたんです。すると、一発で、その子の嫌味は収まったんです。

黙っていると相手はつけあがるんだということが、この経験でわかりました。その後は、イヤだなと思ったら、すぐに相手に伝えるように。早めに伝えれば、わだかまりもなく、その後の関係も悪くはなりません。

イヤなことを心の中に溜めていると、相手を恨むことになってしまうんです。モヤモヤを溜める前に、相手に伝えることが大切なのです。

高校時代もたくさんの友だちに囲まれていましたが、その中には「私は自分が嫌いなの」って言う子もいました。私にとっては「どうして自分が好きになれないのか」わからなかった。私は自分が大好きだし、自分の気持ちを何より大切にしていたからです。

実はね、自分のことを好きでないということは、自分を粗末にしているのと同じことなんです。自分を粗末にしていると、他人にも粗末にされてしまう。だから、自分を大事に扱わなくちゃいけないんです。

たとえば、ここにシャネルのバッグがあるとしましょう。シャネルのような高級なバッグを、汚い場所にバンって置いたりしないでしょ？　ちゃんとキレイな場所に置いて丁寧に扱いますよね。まわりのみんなも大切に扱うはずです。

それと同じで自分もシャネルのバックのように、あるいはダイヤモンドのように、すごい価値があるんです。自分の価値や輝きに気がついていないだけなの。

もし、理不尽なことを言われたり、人格を否定するようなことを言われたら、黙って我慢する必要はないんです。自分は、シャネルのバッグやダイヤモンドだと思って、大事に扱ってください。きちんと「それはひどい」って伝えていいんです。友達でも年上でも先生でも上司でも、伝えるべきなんです。

我慢しない生き方のポイント2

イヤだと思ったら、心に溜めないでハッキリ伝える。

メイクに目覚めたころ

さて、自分を大事にしていた私は、自分の気持ちにも正直でした（笑）。嫌いな科目はまったくしなかったし、苦手なことはなるべくやらないようにしていました。ただし、好きな勉強や興味のあることは、とことん追求するタイプでした。

今でもそれは変わりません。料理や掃除は苦手なのでプロに任せちゃいますが、好きなスピリチュアルの勉強や心を癒すための研究は時間を忘れてやっちゃいます。

学生のときは、メイクをするのが大好きで、メイク道具を駆使して自分をどうキレイにするか研究していました。私のメイクがうまいと話題になり、「はなちゃんにメイクをしてほしい」と私のまわりに行列ができるほどでした。

この経験が、まるかんのメイク商品を企画するときに、役立つことに。さらに、つやを出しながら美しいメイクを施す「美開運メイク」を考案するまでになりました。

のちに、一人さんに**「やりたくないことはやらなくていいよ。得意なことをや**

ればいいんだから」と教えてもらうことになりますが、私の生き方は間違ってなかったと、うれしくなりました。

我慢しない生き方のポイント3

イヤなことはしなくていい、得意なことでカバーする。

生き方を変えなかったOL時代

高校を卒業後、私は臨床検査技師になるための学校に入り、資格を取って病院に勤めます。人の役に立つ仕事を誇りに思っていました。

ドクターやナースたちとの関係もとてもよくて、楽しい毎日を送っていました。

もちろん、イヤな上司はいました。同僚たちもこの上司を苦手に思っていた。でも、私は理不尽な言葉には、きちんと対応していました。

「何やってるんだ、遅いじゃないか」と言われたら、

「まだ新人なので〜許してください。そんなことを言われると傷ついちゃいます〜」

と可愛く素直に言い返すようにしていました。

急に怒鳴られたら、

「頭ごなしに言うのは、やめてください」

とはっきりお願いしました。

みんなから「はなちゃん、度胸ある！　スゴい！」って、ほめられたりしたの

ですが、私にとっては当たり前のこと。**言いたいことを相手に伝えただけ。相手が偉いとか、強いとか、関係ない。イヤだと感じたら、きちんと伝える、これは社会人になってからも同じことでした。**

「正当なる主張」はしないといけないんです。きつい言い方ではなく、爽やかに伝える。目上の人ならお願いするような優しい口調で言うと、角が立ちません。

この上司とも、きちんと向き合うことで、いい関係が築けるようになりました。

我慢しない生き方のポイント4

上司でも、目上の人でも怯《ひる》まない。

一人さんと出会ったとき

病院での仕事を3年ほどして、私は地元、東京の新小岩で喫茶店を開くことになります。仕事が嫌いになったわけではないんです。何か、仲間が集う楽しい場所を作りたかった。仲間たちと夢が語れるお店がしたかったんです。

病院では、多くの同僚が惜しんでくれましたが、新たな夢に向かって、私は意気揚々でした。

「十夢想家（トムソーヤ）」と名づけた喫茶店は、友人たちでにぎわっていました。ところが、友人は来てくれるものの、新規のお客様はほとんど現れず、お店はうまくいきませんでした。売り上げも下降。このままお店をやっていけるか、人生で初めて不安を感じました。

でも、根っから能天気なのか、「白馬に乗った王子様が助けてくれないかな」なんて妄想したりしていたんです。

ところが、本当に妄想通り、ジャガーに乗った王子様が私の店にやってきた！

この王子様が、なんと斎藤一人さんだったのです。

夢を見るって、バカバカしいと思う人もいるかもしれませんが、夢を見なければ現実にもなりません。「こうなったらいいのにな~」と、まず楽しい妄想してみること。もちろん、それだけでは前には進めませんけどね。でもね、夢を実現するための第一段階として、妄想をすることは意外と大事なことなんです。

人の未来は「思い」によって作られます。ワクワクした気分でいれば、ワクワクするようなことが起きるし、不安を持っていると不安通りのことが現実にやってきます。楽しい方向を向いていた方が、いいことが起きるに決まっているんです。

我慢しない生き方のポイント5

つらいときは楽しい妄想をする。

一人さんに幸せになるルールを教わって

妄想が現実化するように、私のお店「十夢想家」にふらっとやってきた一人さん。閑古鳥が鳴いている店を「ここは落ち着くね」と言ってくださり、度々店に来てくれるようになります。

そして、暇なお店の片隅で私のいろんな質問に答えてくれるようになるのです。

たとえば、このような感じに。

幸せになるためには、どうすればいいのか?

●まず自分を愛して、大事にすること。

商売を上向きにするためには?

●笑顔でいること、お客様を楽しませること。そして自らも楽しむこと。

お金持ちになりたいなら?

●お金を大事にして、心を豊かにすること。

運を手に入れるためには？

●見た目を整えて、顔につやを出すこと。

さらに、言った言葉が現実になる。だから、いい言葉を話すこと……などなど、一人さんの教えは、今まで聞いたことのない刺激的で、明快な回答でした。今では多くの人が当たり前のように言っていること。でも、そのころは、常識にはなかったような教えでした。そのどれもが、私には腑に落ちる衝撃的な内容だったのです。

一人さんの教えに従うと、ホントに不思議。「十夢想家」は徐々に人が入るようになり、半年後には、にぎやかな店に変わっちゃいました。仕事もプライベートも充実した毎日でした。

でも、もっともっと幸せになりたかった。そして、一人さんの教えを知りたかった。私はお客様の増えた「十夢想家」を手放して、一人さんの会社「銀座まるかん」の仕事をやらせていただくことになりました。こんなうれしいことはありません。

やりたいことをやりたい！　我慢しないで、一歩を踏み出すことにしました。

我慢しない生き方のポイント6

自分のやりたい方向へエネルギーを注ぐ。

まるかんの社長になって

「銀座まるかん」の販売店の社長になった私。漢方薬やダイエット商品、サプリメントやメイクアップ商品を企画販売する、まるかんの仕事は、本当に刺激的でした。「スリムドカン」などの大ヒット商品を発売し、一人さんが長者番付で1位になったころ、私も江戸川区の長者番付に名を連ねるようになります。

実は、現在のまるかんの社長さんたち全員が、私の同級生や友人たちで、「十夢想家」の常連でした。昔からの仲間と助け合いながら、遊ぶように仕事ができたのがよかったのだと思います。今でも、この仲間たちとは、離れられないくらい強い友情で結ばれています。

楽しく仕事をして、苦労もせずに豊かになっていく。そして、いい出会いやいい話が引き寄せられるように、私のところにやってくるようになります。

まるかんの業務の他、一人さんの教えを伝える講演を行ったり、本を書いたり、開運を招く「美開運メイク」を考案したり、さらにセラピストを養成したりと、仕事の幅も広がるのです。

そして、4年前、地域限定だった私のオフィスも全国展開に。新小岩に事務所を構え、今は8人のスタッフと共に仕事をしています。

私だけが我慢をしない毎日を送っていても、スタッフが我慢してつらい思いをしていたら本末転倒ですよね。大好きなスタッフにも、我慢しない生き方をしてほしい。だから、オフィスでは、自主性に任せて自由にやってもらっています。

もちろん、自由にといっても遊んでいるワケではありませんよ。でも、「遊びのように仕事を楽しむ」ことが大事。それを常にスタッフにはお願いしています。

私は余計なことは言わず、オフィスにも頻繁には顔を出しません。ほとんど、会社へ行かない一人さん流の経営を受け継いでいます(笑)。

仕事を任せて自由にさせることで、スタッフも意欲的になり、多くのアイデアが生まれています。

たとえば、サプリメントをセット販売したのですが、販売当初それほど注目されていなかったんです。スタッフのひとりが、「このセットに、オフィスに飾っていた観音様の絵をプレゼントでつけてみたら?」と提案。知り合いの人が描いた観音様の絵が、可愛らしく、神々しくて、とても素敵だったんですね。額に入れて、サプリメントとセットで発売してみると、同じ商品なのに、売り上げが倍増。瞬く間に売り切れになるほどでした。

このように、スタッフがひらめいたアイデアはドンドン試して、チャレンジするようにしています。もちろん、うまくいかないこともありますが、それも成功と捉え、次に生かすことに。最近は、スタッフのアイデアがたくさんお客様に喜ばれ、スタッフ間の士気も上がってきています。

我慢しない生き方のポイント7

つらいと思う仕事も自分で工夫すると楽しくなる。

恋愛しているときは

「我慢しないといっても、好きな人の前では我慢しちゃうのでは？」という質問をいただくのですが、私の場合は恋愛でも我慢はしません。と言うよりできません（笑）。もちろん、好きならば、相手に何かしてあげたいという気持ちはあります。でも、最初でくじけますね（笑）。彼氏に合わせて、無理なことをして苦手なことをしていると苦しくなってきます。

「飯を作れ」とか「お茶を入れろ」とか、言われたことは一度もありません。そんな偉そうなことを言う人とはつき合わないし、言われたら、私の場合は即刻別れます（笑）。いや、それ以前に付き合ってないですね（笑）。

私は元々ですが、令和に入った今、なおのこと、男だから、女だからと言う時代は終わったんです。男性が家事や育児をしてもいいし、女性がバリバリ働いてもいい。どちらでも、やりたいことを選べばいいんです。

この本を編集しているライターのAさんも、子どもが18歳になったのを機に、「お母さんをやめる宣言」をしたそう。洗濯や朝ごはんの支度は、各自で。家事分担は、家族で毎週話し合って決めることに。お母さんの役割が半減したことで、Aさんの仕事の効率がアップ。今では、イキイキ働いています。

「今日は残業だから、仕事が終わったら、急いで買い物に行ってごはんを作らなきゃ」

って、女性が焦る必要はないんです。私がやらなきゃって、我慢しているからそんな発想になるのです。

「今日は、遅くなったから、お惣菜を買ってきて」

って、ご主人に頼んでもいいし、外で食べてもいいの。無理してがんばることはないんです。家族も、疲れた顔をして機嫌が悪いなら、むしろやらないでくれた方がありがたいと思うはず。

もっと自分を大事にすること。あなただけがやらなくていいんです。

「何がなんでも私がやらなきゃ」という概念を取り払ってください。思っているのは自分だけなのですから。ゆるゆるでいいの。自分に優しくすること。これが我慢しない生き方なんです。

我慢しない生き方のポイント8

「自分がやらなきゃ」という概念をぶち壊す。

第3章

我慢しないためのはなゑ流対処方法

イヤなことはその場でさらりと解決する

イヤな相手に出会ったら、イヤな気持ちになったら、どう対処するか？　私はいろんな手を持っています。

相手がイヤな言葉を言ったり、態度を取られたら、すぐに「それはイヤです」と可愛く伝えてください。相手に直接言ったら、角が立つかな、嫌われちゃうかなって、思い悩むことはありません。イヤな思いをずっと抱えて家に持ち帰っても、気持ちは晴れないし、解決しないでしょう？

ただし、意思表示をするとき、恨まれないように笑顔で、気持ちだけを言葉にすること。ここが大事です。

「それはちょっと、傷ついちゃうんですけど～」
「すみません、もう少し柔らかく言ってもらえますか？」
「ごめんなさい、今のはちょっときついんですけど～」

こんな感じに、爽やかに伝える。

反撃のポイントは、「爽やかに可愛く波風を立てること」なんです。波風立てないで言いたいことは言えない。だけど、後味が悪いのでは、お互いイヤでしょ？目上の人なら「すみませんが」「生意気なことを言うようですが」とつけて、柔らかく反撃する配慮も必要です。

でも、相手に嫌われてもいいんですよ。自分が傷つくようなことを言われたり、やられたりしたら、自分を守らなきゃいけない。あまりにひどい場合は、嫌ってもらってかまわない。というより、イヤな人からはイヤがられた方がいいんです。

一人さんも言います。

「イヤな人に好かれたなら、あなたもイヤな人の仲間だよ」って。

言いたいことを言えずに我慢するから、その鬱憤（うっぷん）が溜りに溜まって、人を恨んじゃうんです。それは、心のトゲを増やすことになります。

人を恨むのではなく、その場で解消してスッキリ生きる。実は、これこそが「我慢しないとうまくいく」生き方なんです。

今、私のまわりには、イヤなことを言う人はめったに現れません。それは、私が前述のように、小さいモヤモヤの内にきちんと伝えているから。相手もこれを言うと、私がいい気持ちはしないなと、察してくれます。

すると、本当に意地悪な人は、自然と私の前からいなくなっていくし、大概は私にとってイヤな人ではなくなってしまいます。

でも、10年に一度くらいは、「わ〜、イヤな感じの人に出会ってしまった」っていうこともあります。

前回、遭遇したときはこんな感じでした。

ある神社に仲間と20名ほどでお参りに行ったときのこと。まわりに誰もいなかったこともあり大勢で、ワイワイにぎやかにしていたんです。ところが1人、おじ様がいたんですね。ちょっとうるさかったのかもしれません。

「あんたたち、大勢でうるせーんだよ」

と、大声で怒鳴られてしまったんです。確かに、ちょっとうるさいかも、それは納得でした。申し訳ないと思い、

「すみません。お騒がせして、ごめんなさい」

と謝ったんです。そこで話は終わると思っていました。ところが、「派手な格好をしやがって。ここの空気を汚すんじゃねぇ。早く帰れ！」とおじ様が叫んだんです。「これって、私の仲間にまで言ったんだよね？」心の中で問いかけました。そうならば、怒っていい！　ここは我慢しちゃいけません。私は、きちんと今の思いを伝えました。

「同じ言葉をあんたに返すよ。ここの空気を汚しているのはあんたなんだよ。あんたの方から早く消えな！」って、伝えたんです（笑）。おじ様は、おずおずとその場から去っていきました。

最後は、塩をまいて、お祓いさせていただきました。そして、イヤな思いは取り去って、スッキリと次へと向かうことができたんです。

おかげ様で、講演会のときに、この話はいいネタにさせていただいています。みんな、怒ってはいけないと思っているんですよね。

本当にイヤなときは、怒っていいの。理不尽なことをされたら、黙っていてはダメ。「正当なる自己主張」はしなくちゃいけないんです！

「この言葉が我慢できない！」そう感じたときのはなゑ流対処法

こんなイヤな言葉を言われたら、どう対処するのか？　また、こんな言葉を言いたくなったら、どう言えばいいのか？　はなゑ流の方法をお教えしましょう。

もちろん、いろんな手があります。グーでだめなら、チョキ。チョキがダメならパー。せめて3つくらいの手を考えておくべき。

逃げる方がいいこともあれば、何も言わず黙っていて勝つときもあります。ただし、あなたの心が傷つくようなことをされたら、相手に伝えることが必要。この先も会わなければならない人なら、なおさらです。友だちに相談しても、たとえ私に相談しても、相手に言わなければ問題は改善できません。

何も言わないで相手に察してほしいなんて無理なこと。**小さい不満のうちに、「愛情を持って、伝えること」を心がけてみてください。**

夫婦の会話

何かイヤなことがあった場合、言い方を変えるだけで、「不満」を「お願い」に変えることもできます。なので、「不満」になる前に、爽やかに「お願い」することがベストなんです。

でもね、夫婦の場合、ガーガー言い合ってバトルになるのもアリだと思っています。まわりを見ていると、言いたいことを言い合っている夫婦って、意外と別れないんです。それより、どちらかが、言いたいことを言えなくて我慢している方が危険です。「イヤだ」という思いが蓄積されてしまうと、修復できなくなっちゃうんです。

夫婦であっても、合わないことはあります。イヤなことがあれば、離婚も念頭に置いて、話してもいいと思いますよ。

イヤな言葉・実例1

妻

「なんで夕飯を食べないなら、連絡してくれないの?」

こんな言葉を言われたら

そもそも、男性って、本当にいつも家で夕飯を食べたいのかしら? 家で食べたいときに連絡すればいいんじゃない?

「奥さんが夕飯を作って待っていなきゃいけない」という観念を変えるべき。大人なんだから、男性が夕飯を作ってもいい。買ってきてもいい。令和時代、夫婦の役割も変わっていくと思いますよ。

こんな言葉が出そうになったら

この言葉を言っている奥さんって、ちょっと怖い顔してると思うんです。でも、意外に旦那さんや子どもたちは気にしてないと思うの。「連絡ないから作らなかったわ」とか「食べるときは電話してきてね」って奥さんが言えばいいんじゃないかな。それでうまくいくと思いますよ。

妻

イヤな言葉・実例2

「お給料が少なすぎるのよ。これじゃぁ、生活できないわ」

こんな言葉を言われたら

これって、いじめですよ！　言葉の暴力です。

夫婦の間で、お金の話をするのは、当たり前ですが、言い方があると思います。この言い方だと、旦那さんもやる気がなくなるし、返す言葉はなくなります。反撃してもいいと思うけど、生活できないのであれば今後、どうすればよいか本気で話し合うことですね。

こんな言葉が出そうになったら

言い方にもう少し思いやりを持ちましょう。「少し、生活費が足りないけど」と、前置きして、今後の策を考えるべき。奥さんが仕事をしていないなら働きに出るとか、パートに出ているなら時給のいいパートに変えるとか。ご主人の転職を考えるとか。いくつも手はあります。問題が起きたときは、あの手この手を出すことが大事なんです。

夫

イヤな言葉・実例3

「オレの給料で食べてるんだ、文句あるか？」「汚い家だな、毎日家で何しているんだ」

こんな言葉を言われたら

これもいじめよね。私がこんな言い方されたら、即刻離婚です。お互いの思いやりがなければ、いっしょに住んでいる意味がないんです。

自分も我慢しない、相手にも我慢させない、そして思いやる。お互い合わないときは別れた方がいいんです。

こんな言葉が出そうになったら

こんな言葉を発したら、離婚されても仕方がありません。旦那さん自身、仕事なのか、人間関係なのか、我慢をいっぱい溜めているのではないでしょうか。だから、誰かに当たりたいのよね。でも、奥さんに汚い言葉を発しても、あなたにいいことは一つもない。むしろ、不幸を招いてしまいます。

まずはその鬱憤を浄化することをお勧めします。叫ぶのが一番かな。6章で「我慢の解消方法」をお教えしますので、ぜひトライしてみてください。

そして、頭ごなしではなく、やってほしいことをやさしく伝えてみて下さい。やさしくなるだけで、奥さんの態度も変わってくるはずです。

恋人同士の会話

恋人同士だと、まだ遠慮はあるものです。ただね、つき合い始めから、「私はこれをされるとイヤなの」「オレはこういう言い方が嫌い」とちゃんと伝えておくべき。そうすれば、相手の気持ちを探ることなく、スムーズにおつき合いができるんです。

令和の今は、男女は平等です。男だから、女だから、という観念は取り払った方がいいですよ。

女

イヤな言葉・実例4

「プレゼントも、サプライズも、あなたは何もしてくれない」

こんな言葉を言われたら

プレゼントやサプライズばかりを要求する女性は、あまり素敵ではないですよね。もしかしたら、そういう女性を選んだ時点で、もうダメかもしれない（笑）。彼女に何かしてあげたい気があるのなら、プレゼントすればいいし、そう思わないなら、愛情がなくなったということかもしれない。今からでもあなたに合った魅力的な女性を選ぶことですね。

こんな言葉が出そうになったら

私は、プレゼントする人より、仕事に夢中になる人の方が素敵だと感じます。「麗しのサブリナ」という映画を観たことはありますか？　イケメンで彼女に尽くす弟と、仕事一筋で器の大きい兄、二人の兄弟が好きになるオードリー・ヘップバーン演じるサブリナ。サブリナが最後に選ぶのは、恋には不器用だけど、仕事を懸命にこなす兄なんです。魅力的な人がどんな人なのか、この映画を見て、勉強してみてほしいな。

それから、私の師匠である斎藤一人さんの本を読んでみてください。魅力のある男性がどんな人を言うのかわかると思いますよ。

男 女

イヤな言葉・実例5

「ホントに、私（オレ）の言うことを聞いてる？」

こんな言葉を言われたら

グチとか、悪口でないなら聞いてなくても、「聞いてる、聞いてる」って言ってもいいんじゃない？　ただ、不機嫌な顔をして言わないことですよ。

イヤな相手じゃなければ、可愛いと思うけどな。

こんな言葉が出そうになったら

自分の話を聞いていないと感じたら、話さなくていいんじゃない？　重要な話なら、紙に書いて示せばいい。眠いとか忙しいとかじゃなければ、興味がない話なんだと思うよ（笑）。

男

イヤな言葉・実例6

「うるさいから、出てってくんない？」

こんな言葉を言われたら

私なら、出ていって、もう二度と戻りませんね（笑）。出ていくのも一つの手だし、ここでバトルしてもいいと思いますよ。

こんな言葉が出そうになったら

ひとりでいたいなら、自分がその場から黙っていなくなる方がいいと思うけど。別れてもいいと思うなら、「出てって」って言葉も使っていいと思います。

親子の会話

子は親の所有物ではありません。それなのに、自分の言うことを聞かせようとします。指示したことがうまくいかないと怒ったり、平気で傷つけるようなことを言ったり。これでは、子どもも殻に閉じこもってしまいます。こういう親に育てられると、自分を嫌ったり、自信をなくしたり、我慢したりする子どもになってしまうんです。

自分が親として未熟だということをわかること。そして、子どもを〝しつける〟のではなく、愛して、信じて自由にさせて、ほっておく（「愛ほっと」で見守る）を実践してみてください。子どもがある程度大きくなったら、自分が楽しむ時間に変えてみる。すると、イヤな言葉は出てきませんよ。

イヤな言葉・実例7

親「なんでこんなこともできないの？　●●ちゃんはとっくにできてるのに」

こんな言葉が出そうになったら

人と比較すると、子どもは傷つきます。そして、自信をなくしてしまいます。もし、自分がこの言葉を言われたら、どう思うか？　いつも子どもに話すときは、それを心がけてみるといいのです。

できないことは、指摘してはいけない。それより、できたことを具体的にいっぱいほめてあげてください。親は子どもを信じて、自信をつけさせてあげることです。

親

イヤな言葉・実例8

「どうしてもっとがんばれないの？」「何度言ってもわからない子ね、バカなの？」

こんな言葉が出そうになったら

子どもは親の所有物ではありません。人はいつでもがんばっているし、そんなことを言われると、そのままの自分ではダメだと思ってしまうんです。「バカな子ね」はいじめです。子どもは親の言うことを真に受けて自信をなくしてしまうのです。注意するときは、「車が通るところは、危ないから、歩道を歩こうね」とか『おはようございます』って挨拶すると、みんなが気持ちいいよね」とか、具体的に伝えてあげてください。

イヤな言葉が出そうになったら、天国言葉（「愛してます」「ついてる」「うれしい」「楽しい」「感謝してます」「しあわせ」「ありがとう」「ゆるします」）を思い出して！　自分が話す言葉が、子どもの未来を作るんですよ。

イヤな言葉・実例9

子「うるせーんだよ、くそばば〜」「ママって、ほんとうにしつこい！　大嫌い」

こんな言葉を言われたら

「くそばば〜」「くそじじー」「うるさい」「大嫌い」こんな言葉が出てきたら、反抗期がやってきた証拠。あなたの育て方は、そんなに間違っていなかったと、思っていいんです。怒ることも、嘆くこともありません。

反抗期って、「正当な主張をする」訓練の始まりなんです。我が子は成長していると、喜んでその言葉を受け止めてあげてください。

子　イヤな言葉・実例10

「私なんか生まれなきゃよかったのに！」

こんな言葉を言われたら

この子は、「そのままの自分ではダメだ」「自分を出してはいけない」って思ってしまっています。

小さいころ、親から「男の子がよかったのに～」とか「もっと頭がよいはずなのに～」とか言われ、自信をなくしたり、そのままの自分では愛せない、愛されないと思い込んでしまったのです。いい子だからこそ、自分を卑下してしまうのです。

「このままでいいんだよ、○○ちゃんが大好きだよ。好きなこと、やりたいことをやってごらん」と私なら声をかけるな。

親は、心配せずに、信じて、そのままの子どもを愛してあげてくださいね。

友人との会話

友人だと思っていても、何気ない一言で、「本当に友人なの？」って感じることはあるものです。「これは嫌味だな」「あきらかに私のことを思っていない意見だな」と感じたら、いくら友だちでも「その言葉はひどい」と言いましょう。「正当なる自己主張」はちゃんと伝えておくべきです。

そもそも、イヤなことを言う人自体、友人ではないですよね？いっしょにいて心地よくない人、イヤな言葉を言う人は、あなたの友人ではありません。会う必要はないですよ。

イヤな言葉・実例11

「お前はそんな性格だから、出世しないんだよ」「可愛い顔しているのに、モテないよね」

こんな言葉を言われたら

相手を思って発した言葉なら、もう少し優しい言い方ができるはず。この言い方は悪意があります。

一般的に、セクハラとか、パワハラとかされる人って、泣き寝入りしてしまうような波動を出しているの。イヤなことを言われても、反論しないような弱いオーラがあるんです。言い返せる強い意志のある、強い波動を持てば、いじめに遭うことはないんです。まずは、イヤだと感じた時点で、相手に爽やかに伝える訓練をしておいてくださいね。もし、伝えられないのなら、心の中だけでも「そんなこと言われたくない！」と言っておきましょう（笑）。

こんな言葉が出そうになったら

こんなイヤなことを友だちに言うなんて、ストレスを溜めている証拠。あなた自身の心が病んでいるはずです。友人や家族に当たるのではなく、自分を解放してあげてください。

解放の方法は、6章を参考にしてみてくださいね。

兄弟の会話

兄弟は、親やまわりの人に何かと比較されるもの。ライバル視してしまい、関係がこじれることも多々あるものです。

血がつながっているため、言いたいことを言えてしまう。そういう点では、我慢しなくていい相手でもあります。それゆえ、傷つけ合うことも多いのです。感情を前に出さずに、今伝えたいことだけを、爽やかに伝える。それができれば、いい関係になれます。

ただし、兄弟だからといって無理して会わなくていいと思います。合わない人とは会わないことです。このことは、たとえ親でも親戚でも同じことです。

イヤな言葉・実例13

「昔からオレばかり怒られて、損していたんだよ」「いつもお姉ちゃんのお古ばっかり着せられている」

こんな言葉を言われたら

長子は長子の、末っ子は末っ子の、真ん中の子は真ん中の子の悩みがある。それを言い合ってもお互いの立場を経験していないので、理解するのは難しいんです。それに、親も未熟で子どもから見たら、納得いかない事も多々あると思います。だから反抗期もあるんですよね。癒されてくると、それも笑い話になります。

こんな言葉が出そうになったら

本当はこんな風に思っていたんだって、カミングアウトできたら、すばらしいことです。言えないで我慢しているより、よほどいいです。

この言葉がでそうになったら、我慢を解放して、自分の※インナーチャイルドを癒してあげましょう。理不尽な扱いをされた子どもの頃の自分に、「ちっとも悪くないよ」って、寄り添ってあげることです。つらかった自分をわかってあげる。すると、あら不思議。自分で自分をわかってあげると、癒されて、心穏やかになってくるものですよ。

※インナーチャイルドとは、心の内側にいる子どものこと。具体的には子どものころの体験や記憶、そのときのつらい心情や感傷のことを指します。

第4章

我慢から抜け出した人の最強ルール（体験談）

体験談
その①

幼い子ども3人を置いて家を出た私が自分を許すことで幸運に出会えた

（まゆゆさん　50代・女性　介護士）

私には、いつも心の中を支配する大きな傷がありました。21年前、３人の子どもを置いて、家を出たこと。それ以来、子どもたちと会うこともできないということでした。

子どもは、まだ上の娘が４歳、息子は３歳、そして末娘は１歳。かわいい盛りで、離れ離れで暮らすことになってしまったのです。それから、消息も分らなくなってしまいました。

こうなったのは同じ過ちを繰り返した結末のこと。このとき、精神的にえぐられた心の中は、一寸の光さえ知らない状態でした。

●子どもと離れて暮らすことで、うつ状態に

私はひとり、家を出て東京へ。心機一転を図り、一から人生を始めるつもりでいたのですが、子どもを主人の元へ残していった思いが消えず、後悔の毎日。つらい思いを抱えて、日々心は病んでいき、うつ病を患ってしまいます。家に引きこもり、働くこともできず、地獄の時代を過ごします。

生きるために借金をして、返すためにまた借りる、自転車操業のようにお金を回す日々。心も体も疲弊していました。

毎朝、起きがけに思うことは…「今日も無駄に生きていた…」と言う思いでした。

2年を経て、これではいけないと、借金返済のため重い腰を上げて仕事に復帰。子どもたちのことを考える時間を作らないよう、がむしゃらに働きます。とはいっても、子どもたちのことは、どんなときでも忘れることはできませんでした。1分だって1秒だって、忘れることなんてできない。でも、どうしているのか、

どこで暮らしているのか、まったくわからない。連絡もできない、探すこともできない、我慢の毎日でした。

●一人さん、はなゑさんに出会って、言葉の大切さを実感

そんな中、何気なく本屋さんに立ち寄り、舛岡はなゑさんの『幸せをよぶ魔法の法則』という本を手にしたのです。今から7年前のことです。この本は、今でも私のバイブルで、毎日持ち歩いてお守りにしているほど。

本を読んで、著者のはなゑさんの「幸せになる法則」に納得。愛にあふれ、パワーがあって、元気を与えてくださる、はなゑさんの大ファンになっちゃいました。本の通り、天国言葉（P176）を使うように心がけたり、人に親切にしたり、ほめ言葉を使ったりすることで、私自身が変わっていきます。

それまでの私は、人の悪口が大好き。イヤな人がいると「うるせー奴」とか「あいつバカじゃない」とか、すぐに悪い言葉が口に出てしまっていたんです（笑）。

そのころの私は未熟もいいところで『愛してます』の本当の意味がわからなかっ

たのです。だって、誰かのことを好きになることはできた。だから、愛することはできていると勘違いしていたんです。

はなゑさんの講演会にも足を運び、「まるかん」のお店にも通うようになります。はなゑさんが教えてくれた、「愛と光と忍耐」を実践。仲間と共に、一人さんの考えを学ぶようになります。

そして、10年ほど前から介護士として、働くようになります。高齢者への体や心のケアという仕事に生きがいと誇りを持ち、資格も得て、働くことができるようになりました。

ただ、この職場ではスッゴく威圧的なイヤな上司がいたんです。挨拶をしても無視され、いつも威張っていて、このまま仕事を続ける気力がなくなっていました。

そのころ、毎晩一人さんのYouTubeを聞いていたのですが、必ずと言っていいほど「〝感謝してます〟って言ってごらん。たとえ感謝してなくても、言ってみるんだよ」というフレーズが入っていて、辞める前にこの上司に言ってやろうと、決意します。

でも、人間って業が深い（笑）。言おうと思っても、悔しくて悔しくて、1カ月くらいは口にできませんでした。

ある日、意を決して「お疲れ様です。いつも感謝しています」って、声をかけてみたんです。すると、この上司が「お疲れさん」って返事を返してくれたんです。どんなに挨拶しても無視していた人なのに…。

スゴいことに、この一言で人生がくるくる回り始めます。この上司は、すぐに転勤（笑）、さらに私は、日曜日に休みが取れるデイサービスへの異動になり、仕事上の悩みは一気に解決へ向かいました。

●「感謝してます」のひと言で、すべてが好転

ただ、もう1つ、私には気がかりなことがありました。それは、子宮の病気をかかえていることでした。初めは、ガンだと思い、それで死ぬのも本望だって思って放っておいたのです。まだそのころは刹那的な考えを持っていたんですね。

ただ、傷みがかなりひどくなり再度検査すると、40個もの子宮筋腫があることが

わかったんです。

どの医者も子宮の全摘を勧めてきました。「どうせ、これから子どもを生むワケではないし、使い道あるの？　取ってもいいでしょう」というのが、医師の見解。私は「どうせ」という言葉がひどく引っかかりました。温存したくて、ネットで何度も検索。病院を何軒も回って、子宮を温存して腹腔手術をしてくれる病院を探しました。

初診のとき、

「子宮だけではなく、あなたの身体すべてを診ています。何か不調が起きたら連絡してください」

と担当医に言われるんです。スゴく素敵な医師といい病院に巡り合ったと実感。すぐに、ここに決めました。この出会いに心から感謝すると共に、「今、死を選ぶのではなく、生きることを選ぼう」という気持ちになるのです。

職場を異動する前に、この手術を受けることにしました。手術するのは、ある程度のお金も必要でした。なんとかしなくてはと思ったとき、またまた救いの手が伸びてきます。

新しく職場に来たパートの女性に、病気のことを話し、しばらく休むことを伝えたんです。すると、彼女は急に「ちょっと待ってて」と言って外へ出て、戻ってきたと思ったら、いきなり封筒を渡してきたんです。中には50万円が入っていました。

「えっ？　私、お金を貸してなんて言っていないよ。それに、職場も変わるから、いつあなたに会えるかわからない。こんな大金、借りられないよ」

と伝えると、彼女は
「これは、株で儲けたあぶく銭だから気にしないで。あなたが、返せるようになったら、返してくれてもいいし、そのとき誰かが困っていたらそのお金を渡してくれてもいい」

と言うのです。こんなことってある？　って、思いましたが、親切なその提案を受けることにしたんです。

このお金と、信頼できる医師のおかげで手術は成功。元気な身体を取り戻しました。

誰を愛すべきなのか？「愛してます」の本当の意味を知る

異動して2年間、元気にこの職場で働きました。はなゑさんと出会い、私の考えは大きく変わっていました。でも、会社の体質は変わらず、そろそろ限界が来ていました。ある日、上司に「私たちのこと、大事に思ってくれていないのではないですか」と質問したんです。すると、「なんで従業員の君たちを大事に思わなくちゃいけないんだ」との返答。ひどすぎる答えでした。この現状を、はなゑさんにお話すると、

「イヤなら我慢することはないよ。辞めてもいいんだよ」と軽やかに返答下さったのです。

「我慢しなくていいんだ！」

そうなんだ。だったら、イヤなことは我慢しない！　自分を大事にしよう！

ここで、初めて『愛してます』の本当の意味を知りました。『愛してます』の対象は誰かではなく自分自身だったのです。

自分を愛しく思い始めたら、我慢をすることが自分を苦しめ粗末にしていることだと、はっきりとわかるようになりました。

そう思った瞬間から、さらにいろいろなことが好転していきます。

まずは、会社を辞めて、心がスッキリ解放されたこと。有給消化の2カ月、私は目いっぱい遊ぶことにしました。今までお金を使うことに罪悪感を持ち、自分のために好きなものを買うことができませんでした。ショッピングをして、旅行をして、目いっぱい楽しみました。

そして、しっかり遊んだあとは、就活。3番目に挑戦した会社に内定。条件を聞くと、基本給が前の会社の2.5倍に！　さらにボーナスが出て、副業もOKという好条件でした。副業ができるということで、私はすぐさま「まるかん」の代理店にもなりました。

新しい高齢者施設の職場では、笑顔と優しさを忘れないように心がけました。

すると、職場のみんなから、

「まゆゆさんがいると、みんなが明るくなる」

って、言われるようにまでになりました。

●我慢をやめたら、出会えた幸運たち

いい職場に恵まれただけではありません。ずっと気がかりだった心の奥にある悩みも解決の方向へ向かうのです。

まず、消息がわからなかった息子のFacebookを見つけるのです。ここで、長男が結婚したこと、子どもが生まれたことを知ります。誰にも言えないけど、密かに息子の幸せを祈ることができました。

そして、もっとすごいことが起きます。

それは、去年（2019年）の5月5日子どもの日。Facebookのメッセンジャーに誰からか書き込みが！　開いてみると、

「僕は○○です。お母さんですか？」

なんと、長男からの伝言でした。伝言を見て、スマホが見えなくなるほど、泣き崩れました。ここで、3人の子どもたちが元気なこと、元旦那が再婚して母違

いの娘がいることなどを知ります。空白の時間を少しずつ埋めるようにいろんなことを話してくれました。こんな幸せってあるでしょうか？　その上、元の旦那さんは、私の悪口を一切言わなかった。

「お母さんは、誰からも好かれる人だった。分け隔てなく人と接する人だった」と子どもたちに伝えてくれていたそうです。だから、子どもたちも私を恨むことなく、会えるのを待ち続けていてくれたのです。

うれしいことに会いたいとも言ってくれました。まだ、会えてはいないのですが、対面する日も近いと思います。

我慢しないことから始まった幸せの連鎖。我慢しないって、わがままじゃないんです。自分を許していくということだと感じています。

天国言葉の基本中の基本、『愛してます』は我慢しないで自分を大切にするということです。

私は私を愛してます。

はなゑの一言

天国言葉とは、「愛してます」「ついてる」「うれしい」「楽しい」「感謝してます」「しあわせ」「ありがとう」「許します」の8つの言葉。この言葉をたくさん言っていると、幸せなことが起きるんです。

ネガティブな地獄言葉（P178）が多かっ たまゆゆさんが、天国言葉を使うことで、まず一つステージが上がったんですね。さらに、我慢していた自分を解放して、自分を大事にすることで、多くの悩みを解消していったのだと思います。これからは、子どもたちと交流を深めて、もっともっと自分を愛して楽しんでほしいです。

以前、まゆゆさんに、マザーテレサの話をしてあげたことがあります。マザーテレサが「死を待つ人の家」を始めたとき、「ここに来る貧しい人たちは、自分なんて生まれてこない方がよかった、と思うくらい悲惨な生涯を生きてきた。せめて最期の瞬間、本当に真心のこもった世話を受けて、自分は生まれてきてよかったと思って死なせてあげたい」という気持ちだったそう。その話を聞いて、まゆゆさんは「私も、生まれてきて幸せだったと思えるような介護をしたい。介護のマザーテレサになる！」と言ったんです。苦労してきたまゆゆさんだからこそ、それができるのではないかと思います。心から応援しています。

体験談
その②

我慢をやめて自分を大切にすると天国の両親から驚くほどの贈り物が！

（さゆりさん　20代・女性　自由業）

小学校のとき両親が亡くなり、祖父母に育てられました。このころから、いい子でいなきゃ、おとなしくしていなきゃと、自分を抑えて生きてきた気がします。

大学を卒業して会社に入ると、さらにがんばらなきゃいけないという気持ちが強くなります。でも、仕事内容や環境に合わず、がんばれない自分を責めてばかり。「生きていても仕方ない」「死にたい」という思いが強くなり、ついにはうつ病を発症してしまうんです。

仕事ができなくなり、思い切って休職。自宅にこもって自分を責める毎日でした。

半信半疑、でもなぜか一人さんの教えを始めるように

その頃、つき合っている彼氏のお母さんから、斎藤一人さんや舛岡はなゑさんの教えを伝えてもらうようになります。初めはかなり半信半疑（笑）。いい言葉を使うとか、我慢をやめるとか、自分を大切にするとか、それで幸せになるのかな？って思っていた。でも、何かを変えなきゃと「なんか知らんけど、そうなるかも」と自分に言い聞かせて、実行するようになります。

少しずつですが、イヤなことは「イヤです」と言えるようになり、自分優先で物事も考えるようにしていきました。すると、不思議なことが次々起こります。

自分を変えることで、思いがけない贈り物がやってきた

まず、親の財産が見つかるんです。突然、親戚の叔父が来て、両親から預かっていたという貯金通帳を渡されます。調べてもらうと、2000万円の預金が入っ

ていたんです。

もう言葉が出ないほどの驚きでした。毎日、カツカツの生活をしていたので、何かに守られたという感覚に。両親に感謝の思いでした。

さらに、別の叔父からも、両親の通帳があることを知らされます。この中にも1000万円の預金が‼　これまで、この叔父がとても苦手でした。ただ、この件で、私のことを心配してくれていたことがわかり、人を見る目が変わりました。

今ならわかるんです。叔父たちが変わったのではなく、私が変わってきたんだって。ダメだった自分を受け入れることで、他の人も受け入れられるようになったんだと思います。


お金だけではないんです。自分にピッタリの仕事にも出合えちゃいます。それがライブ配信。ライブで、好きな話をしたり、歌を歌ったり、自由にやりたいことを発信する仕事です。いつもはふざけた内容が多いのですが（笑）、時には一人さんの教えに刺激を受けた、ちょっとまじめな話もしてるんですよ。

視聴数とか、フォロワーとか気になるし、毎回更新するのも一苦労ですが、時間に縛られず、誰かに命令されたりすることはなく、楽しく仕事ができています。

今では、新卒の会社員程度の収入を得られるようになりました。

まだ、時々うつの症状は出ますが、病気とつき合いながら、やりたいこと、好きなことを楽しんでいきたいです。

はなゑの一言

さゆりさんは、スラっとして、キレイで可愛い、モデルさんのような女性なんです。初めてお会いしたときは、彼女が就職したころ。彼氏のお母さんに連れられて、私の講演会に来てくれたんです。そのころは、「完璧じゃないと価値がない」と思っていたのね。新人だから、できないのは当たり前なのに、できない自分を責めていました。

初めのうちは、私の講演を聞くと、具合が悪くなったり、涙が止まらなくなったり、いろんな現象が起きていました。〝自分を愛する〟ということを受け入れるのに時間がかかったのだと思います。でも、さゆりさんの彼氏やそのお母さんからは、とても愛されていて、彼氏には「さゆりが笑顔でいれば、それだけでいい」って言われるほどでした。

私の講演へも何度も来てくれて、だんだん自分を認めるようになっていきました。そして、金銭面でも仕事面でも、驚くような運をつかむことができています。

これからは、もっと貪欲に好きなことを楽しいんでほしいと思います。

体験談
その③

「ナメられちゃいけない!」一人さんの言葉で怒れない教師を卒業

（舟久保智裕さん　30代・男性　教師）

私は、大学一年生の冬に初めて一人さんの著書『変な人が書いた成功法則』を手にしました。あまりに、常識とは違う考え方に衝撃を受けます。

そして、この本を読んでからというもの、発売している本を買いまくり、読み漁《あさ》ります。100回聴きシリーズを聞きまくり、聴き終えるごとにガッツポーズしたりして（笑）。

天国言葉（P176）やほめ言葉、自分を愛すること、人に親切にすること、自信を持って実行に移すことなどなど。その教えをしっかり受け止め、実行に移していきました。

一人さんに出会ってからは、たまに襲ってきた謎の虚無感も一切なくなり、彼女もできて順風満帆な生活を送っていました。

さらに、当時はかなりの高倍率だった、教員採用試験にも一発で受かり、高校教員としての人生が始まりました。

ちなみに、私の大学の卒業論文は、『斎藤一人さんについて』。２０００字の論文は、一人さんへの思いでいっぱいでした。

●一人さんのような教師を目指したはずが、ナメられまくりの毎日

すっかり一人さんの大ファンになった私は、愛と優しさとユーモアで、一人さんのような教師になるべく生徒と接しました。

一人さんは器が大きいし、小さなことでは怒らない。子どもを自由にさせてあげる。だから私も、生徒が寝ようが、騒ごうが、タメ口をきいてこようが、提出物を出さなかろうが、怒りません。正直、これでいいのかと思う瞬間もありましたが、そこは我慢です。

基本的に、何をしても怒らない私に生徒たちはますます自由奔放。５校時の授

業のときには、3分の2の生徒が寝ていることもありました。でも、怒っちゃいけない。怒ってはいけない。我慢。我慢。

部活でも、我慢は続きます。私自身が野球をしていたので、野球部の顧問になったのですが、あまりにも怒れないから、バンドのサインを出しているのに、無視して打つ選手がいたりと、高校野球では、ありえない状況に(笑)。ここも、やっぱり我慢のしどころ。許します。許します。

もう、このころには、すっかり生徒にはナメられまくっている、ペロペロ教師でした。

あれ、これ、おかしくない？　一人さんみたいな教師じゃなくない？　そんな疑問も少しありつつ、実は正解はわかっていました。

「怒らないのと、怒れないのは違うよ」

一人さんも書いていますが、私の場合は、完全に後者。怒れない教師でした。生徒に嫌われたくなくて。生徒に反発されるのが怖くて。だから、ずっと我慢していました。

ずーっと、ずーっと、我慢。我慢。本当は苦しかった。本当はみじめでたまらなかった。そして、勇気が踏み出せない自分が、歯がゆいし、許せなくてたまらなかった。でも、怖くて何も行動に移せない……。

そして、そんな私だったので、やっぱり生徒からナメられるわけです(笑)。ただ、我ながら優しかったので、生徒たちには嫌われてはなかったと思います。今でもその当時の生徒が連絡くれますから。

そんなワケで、教師になりたての5年間ほどは、かなり苦しい思いをして教員生活を続けていました。


特に、高校野球の顧問は勝つことが求められます。まったく結果が出ない自分を責めます。なんといっても、サインを無視されるような指導者ですから、当然勝てるわけありません。

そんなときに、運命の一冊に再び出会います。それが、『斎藤一人 人生に成功したい人が読む本』です。この本の中で、とにかく一人さんが力説しているのが、「ナメられちゃいけないよ」

ということ。

「どれだけ正しいことを言っても、ナメられてたら言うこと聞いてもらえないんだよ！」

もう、もう、もう、本当にその通り。めちゃくちゃ心に刺さりました。ズブズブ、ズブッズブッって。それまでの私は、120％生徒にナメられてましたから。

本を読んだその日から、「いばっちゃいけない。ナメられちゃいけない」を1日1000回言うの行が始まりました（笑）。

●Xデー、怒りが頂点に！　怒れない教師から卒業して

そして、数ヵ月たったある日。Xデーがやってきます。すっかり冬で、野球もシーズンオフ。練習は体力づくりのための走るメニュー。つらいのですが、夏に勝つためには、欠かせないメニューなので、生徒がぶつぶつ文句を言っても、聞こえないフリをして、苛立《いらだ》つ気持ちを我慢しながら、練習をさせていました。

その日は、いつになく、生徒は手を抜き、距離をごまかしたり、見るからにテキトーに練習をしています。こっちだって、寒いのを我慢して、練習につき合っ

ているのに……。

さぁーっ、っと、頭に冷たい何かが駆け巡ります。こいつら、ナメとる！　ナメられちゃいけない!!

ついに、私は、怒りを解放することにしました。サボっている奴を、怒りまくり＆シバきまくり（笑）、ついでにキャプテンも、怒りまくり＆シバきまくり（笑）、自分の感情をすべて爆発させたのです。

もちろん、体罰はダメです。それは、教師としての実力が無い者のすること。それは間違いありません！

で、その結果どうなったのか？

その日を境に、私は、生徒の顔色を見て、行動するのをやめました。怒れない教師を卒業したのです。

気にいらないこと、許せないことには、ハッキリと言葉にして表明することにしました。怒りや不満を我慢するのをなるべくやめるように心がけました。

すると、生徒がとってもお利口さんに大変身（笑）。それまで感じていたストレスが、大幅になくなります。

その後は、授業の質も上がり、必然的に、生徒も寝なくなり、ますます授業がしやすくなっていきました。今では、生徒が誰ひとり寝ない、ウキウキワクワクする授業ができるようになりました。

もし、このことがなければ、私は今も怒れない教師だったかもしれない。もしかしたら、教師を辞めて、別の場所でも怒れない自分を責めていたかもわかりません。

私を立ち直らせてくれた一人さんの『斎藤一人 人生に成功したい人が読む本』は、今もバイブルで、もう20回近く読んでいます。

我慢がよくないことを痛切にわからせてくれた体験でした。

はなゑの一言

あなたは、本当に素晴らしい先生です。一人さんもスゴくほめていましたよ。生徒に対して、愛があれば大丈夫！　たとえ、先生が怒鳴っても、愛情がたっぷりあれば、生徒はわかってくれるはずです。「成績が悪くても、音楽の才能があることは知ってるよ」とか「君の気遣いはとっても素晴らしいと思うよ」とか、具体的にほめてあげると、愛情は伝わりやすくなるものです。

寝ている生徒がいたら、寝ないようなおもしろい授業をする、宿題を出すより、出さないですむように時間内で終わらせる、そういう先生になれたら、なお人気者になれるんじゃないかな。

それから、一人さんファンだったら、勉強がすべてではないことを生徒に教えてあげてください。その分、おもしろい本を読むように勧めてあげてほしいです。きっと、舟久保さんなら、やられているはずですね。

これからも、いい人材を輩出してください。次のご報告を楽しみにしています。

体験談
その④

よい人を演じる我慢をやめたら苦手な姑との関係が良好に！

（下浦恵美子さん　50代・女性　パート・主婦）

私は反抗期もなく、〝明るく笑顔よし〟の子どもだと言われていました。イヤなことも苦しかったこともありましたが、なぜか我慢して、いつも笑顔で、親には心配かけたくないと、強く思う子どもでした。

結婚は23歳。初めて姑に会った瞬間、「あー私の苦手なタイプ」と思いました。実家の母とはまったく真逆で、チャキチャキして、思ったことをポンポンと言える人、我慢しない人……やっていけるかなーと、不安でいっぱいでした。結婚生活は、主人というより嫁姑問題が課題となりました。

結婚して、1年後に、長男、そして、次男、三男、３人の男の子に、恵まれました。

毎週末は、主人の実家へお泊まりと決まっていて、3人の子ども達の大荷物を持って、出かけていました。時には週末は家がいい～家族だけがいい～と、思ったことも。でも、それを言えない私がいました。子どもたちのためにも、姑に嫌われず上手くやっていくことがいいんだと、本気で思っていました。

●よい人を演じることで、自分がわからなくなっていく

人の顔色をうかがい、よい嫁、よいお母さん、よい娘の人生が新たにスタートしたのです。

でも、我慢を重ねてくると歪《ひずみ》がでてきます。時々、感情がコントロールできなくて、自分が壊れていくような気になることもありました。

ある日、姑の家に向かっていて、もうすぐ着くという手前で、涙が出て止まらなくなり、行きたくない！　という気持ちが湧き出て、落ち着くまでしばらく車の中で過ごす。こんなことも度々でした。

10年前、子どもたちが学校を卒業し、家を出ていきました。直後に、姑の病気、骨折と重なり、介護を余儀なくされ、私は同居することになりました。ものスゴい覚悟が必要でした。

「あーもう、自由がなくなる〜」と不安が襲いかかりました。案の定、姑に怯えるつらい毎日が待っていました。

●がんばらなくていいのに、がんばりすぎてしまう性格を一新

6年前のこと、何気に聞いていたYouTubeで、一人さんのお話が聞こえてきました。楽しくて夢中になり、その後は毎日聞くのが日課になります。

一人さんの本を読み、ファンになりました。そして、またもやまじめに受け取り、幸せになれると信じて、がんばりました。いろいろやりすぎて、がんばった結果、とても疲れ果ててしまった。

〝がんばりすぎるのはダメだ〟ということを、ここで体験しました。

そのころ、「まるかん」のお店を開いている凛ちゃんと出会います。凛ちゃんは、

毎月のように、舛岡はなゑさんの講演会を企画していました。私も毎回参加しました。

第一回目の講演会は、忘れもしません。

「親の言うことは聞かなくていい！」

「我慢は一ミリもしてはいけない」

とのはなゑさんの言葉に、頭をハンマーで殴られたような衝撃でした。

「えっ！　私今まで何してきたのかな？」

と。我慢してきた自分、耐えてきた自分を顧みました。

そのときの私は、自分を隠していたので、何をしたいのか、どんなことが好きなのか、それさえもわからなくなっていました。自分が自分でわからなくなっていたんです。

壇上のはなゑさんは、とても魅力的で、光り輝いていました。たくさんの人から愛されるお金持ち！　以降、私の憧れの存在になりました。

はなゑさんの講演は回を重ねるごとに、心が解放されていくんです。勝手な観念や思い込みが取り去られていきました。

自由でいいんだ！　言いたいことは言えばいい！　年齢や、立場は、関係ない。我慢からは恨みしか生まれないんだということを知ることができました。

●大嫌いな姑に、ついに「イヤだ」と言えた！

ある日、私が出かけるときに、姑が嫌味を言うように「出かけるなら、もう帰ってこなくていいよー」って言うんです。え??　私は耳を疑いました。とても、まじめに受け止めた私は、とても傷つき、悲しく、出かけるのをやめようかとも思いましたが、何も言えずに、その日は悔しかったのを覚えています、

「出かける前に、帰ってこなくていい、なんて言わないで！　それは、とても傷つくんですけど」

と、言いたい、言いたかった。これが私の心の叫びです。

ところが次の日、言えるチャンスがきます。母をデイサービスまで迎えに行った帰りのこと。思い切って、

「昨日のあの言葉はやめてもらえますか？」

と口に出しました。言えた！　言えたんです。たったこれだけの言葉ですが、これまでの私は言えなかったんです。


それからです。少しずつ少しずつ、言いたいことが言えるように、やりたいことがやれるようになっていきます。

遊びに行くのに、主人に報告する前に姑に報告って、なんかおかしい。報告なんてせずに、自由に行きたいところへも遊びに行くことができるようになっちゃいました。


自分を愛し、自分を大切にすると、子どもたちとの関係もうまくいきはじめます。特に長男は、学校を卒業して家を出ていき、心配の種でした。しばらくは音信不通の状態が続きました。ところがいつの間にか、仕事を見つけ、週末はアイドル活動でも大活躍。結婚して、可愛いお嫁さんも連れてくるように。

心配ばかりしていた子どもたちも、今は心配無用。それぞれの人生を順調に歩いています。

姑自身はまったく変わっていません（笑）。相変わらず、口達者で自由気まま。でも、姑に対する恐怖感とか、ビクビクする気持ちがなくなって、関係は以前よりずっとよくなりました。むしろ、姑が大好きになり、「ありがとう！」と、感謝の気持ちが出てきました。

我慢をやめたら、おかげ様で見える景色が素敵に変わり、モヤモヤ感がすっかりなくなりました。今ではおしゃれも楽しめるように。どんな服が、自分に似合うのか、まったくわからなかったあのころとは、全然違います。

私の人生変わりました。とても幸せです。凛ちゃん、はなゑさん、一人さんに感謝です。

はなゑの一言

姑さんや舅さんとの関係は、勘違いが多いものなんです。大皿で食事をする家もあれば、小皿で出す家もある。家庭の習慣やしきたりは、千差万別ですからね。

恵美子さんの家は、母親が言いたいことは胸にしまって我慢するような家だったし、旦那さんの方はなんでも気がねなく言い合うような家だった。つまり、姑さんは悪気なんてなかったんだと思うの。ただ、ハッキリ言いたいことを言っただけ。恵美子さんが、我慢をやめて言いたいことを言うようになって、姑さんもスゴく、つき合いやすくなったと思います。それくらい、相手は気にしていないもの。それに気づくのに、少し時間はかかったけど、抜け出せて本当によかったです。

いつも明るくキレイな恵美子さんがおしゃれに縁がなかったなんてびっくり！三線《さんしん》を弾きながら、キレイな声で沖縄の唄を歌ってくれる恵美子さん。また、私の前で素敵な歌を聞かせて下さいね。楽しみにしています。

体験談
その⑤

我慢をやめて母は呪縛から解放され、私も夫との関係に勇気をもらえた（ハヤシカエさん　40代・女性　大学教授）

一人さんの教えてくださった「我慢しないこと」で、私の母そして私の人生が大きく変わりました。

まずは、母のことからお話しします。

私は若いころから韓流ファンでＫ－ＰＯＰ（韓国のポップス）が大好き。そして、一人さんの教えや、はなゑ先生のお話も大好きでした。一人さんの本を読んだり、話を聞いて実践し、それをまわりにも伝えています。

私の母はとても気さくで素直な性格なので、人が「これいいよ」と言うとすぐにそれを実行に移す人でした。以前、私が里帰りしたときに母へ、はなゑ先生の「我慢からは恨みしか生まれない。我慢しないで、ありのままで生きることが大切」

という話をしてあげたんです。

「お母さんも、自分がやりたいことをやるべきだし、言いたいことはハッキリ言うべきだよ」

と伝えてみました。すると、母は真顔になって

「実は、あなたに今まで我慢して言えなかったことがある」

と言い出したのです。私は真剣な母の顔を見て不安になりましたが、「我慢しないで、言ってみて」と言うと母はある告白をしたのです。

●母の長年の隠し事は驚くべき事実だった

「実はね。カエちゃんのおじいちゃんは韓国人だったの。お母さんは韓国人とのハーフということで、イヤなことがたくさんあったの。だから、あなたにどうしても言えなかった。ごめんね」

と言って大粒の涙を流しました。

でも、私は大の韓流ファン。母の言葉と同時に「お母さん、私、スゴくうれし

いよ」と叫びました。そして、私の目からは思わず涙が流れました。

驚いたのは母です。「なぜ泣くの？」と私に聞きました。私は大好きな韓流スターと同じ血が私の中にも流れていると知り、本当にうれしかったんです。素直にそれを伝え、「お母さん、ありがとう」と言いました。

母は笑って、

「誰にも言えずに、我慢していたお母さんの恨みが、喜びに変わったわ」

と優しく微笑みました。

我慢をやめた母の心は、すっかり軽くなったようです。私に対する引け目もなくなり、生き生きと暮らし始めました。


次は私の話です。韓国人の血が流れていると知り、私は韓国に益々興味を持ちます。大学時代には国際奉仕活動をして、そこで紹介された韓国人の男性と結婚。ソウルと日本を行き来しながら暮らしていました。

運よく、優秀な学生が集まる韓国の大学で、日本語を教える教授として働くこともできました。

●主人の交通事故で、幸せが一転

順風満帆に見えた私の人生ですが、人生は波乱万丈ですね。夫が交通事故に遭い、車いすの生活になってしまうのです。

主人は、自由に動けないジレンマからか、私に暴言を吐くようになります。初めは、主人を不憫に思い、耐えていたのですが、あまりの言動に私の心も病んでいきました。

こうした夫婦関係に耐えられず、離婚しようかと考えていたときに、一人さんのある言葉に出会ったのです。

それが「離婚も恐れず、再婚も恐れず、ひとりで生きることも恐れず」。何も恐れることはないんだ、そう我慢なんてしなくていい。母にも言った「我慢はいらない」は、私にも通じること。

私は、今まではまじめすぎていたのです。常識に囚われて、正しいことをしようと思いすぎて、人や世間の目を気にしたり、本当にやりたいことをやらずにいたのです。

しかし、一人さんやはなゑさんの本や言葉から勇気をもらいました。「我慢なんてしなくていい、自由にすることが愛なんだ」って。

まだ離婚はできていませんが、今後は彼氏を作ろうと思っています（笑）。それも素敵なことですよね、はなゑさん、一人さん！

はなゑの一言

無理に離婚することないし、したければ離婚すればいい。あなたの自由です。いっぱい遊んでいいと思いますよ。カエさんが遊んだ方が、旦那さんにも優しくできるんじゃないかしら。韓国のアイドルはスゴく格好いいので彼らを追っかけてもいいし、身近な男の人に憧れるのも悪くありません。彼氏だって作っていいと思います。ただし、私や一人さんのせいにはしないでね（笑）。

別れても別れなくても、どちらにしても、あなたはもっと幸せになりますよ。

大丈夫です。

私も韓国やK-POPが大好きなので、韓国に在住なんて素敵だと思いますよ。韓国の血が流れていることに誇りを持って、韓国と日本の懸け橋になってくださればと願っています。

体験談
その⑥

言いたいことを言いはじめたら、引きこもりの夫が素敵な旦那様に

（北本さとみさん　40代・女性　自営・主婦）

舛岡はなゑさんとの出会いは、知人に「はなゑさんに、美開運メイクを習ってきたらいいよ」と、言われたからです。私はずっと女性が嫌いでした。化粧もイヤ、スカートもイヤ、自分自身、男でありたいと思うほどでした。いつもすっぴんの私に、せめてメイクをして、華やかにした方がいいという知人の思いからだったと思います。

それまでの私は、困難続きで、常に泣き顔でした。はなゑさんに、初めてお会いしたとき、「怖い〜」「話したいけど、話せない〜」という状態でした。それだけ、女性に苦手意識があったんです。

でも、はなゑさんに、直接肌を触っていただき、美開運メイクをしていただくと、涙が止まらなくなりました。そんな私に、はなゑさんは「我慢しなくていいんだよ〜」と言って、苦労話を聞いて下さいました。

そのとき、私はずっと求めていた〝母のような愛〟に包まれたのです。そして、凍りついた心が溶けていきました。

●いじめられ、暴力を振るわれ、幸せとは程遠い人生

私は、3人兄妹の真ん中で、いつも、親を悲しめることはいけないことと思って生きてきました。兄が、正直に親に話したとき、とても悲しむ母の姿を見てしまったのです。それから、私は親が悲しむことだと思うと、何も言えなくなってしまいました。それは、その後の人生、人との関わりで、常に出てしまうようになりました。

学生時代は、両親のしめつけに耐えられず、家出をしたこともあります。常に親に監視されているような息苦しさがありました。

人にものを言えないのは、職場でも、結婚しても同じでした。職場ではいじめられ、夫からは暴力を受けるようになってしまいました。

結婚して数年後には、夫は仕事をせず引きこもり状態に。何かあると、暴言も吐かれ、手に負えない状態でした。

私が仕事をして、子どもも育てていましたが、そんな夫には何も言えずに、「私が我慢すればすむ」と思い込んでいたのです。

●自分が変わっていったら、家族の環境も変わっていった

そんな、言いたいことが言えず苦しんでいるときに、斎藤一人さんの「生成発展塾」ができました。

ここでは、言いたいことを伝える訓練を行いました。自分の思いを言葉にする練習を重ね、また、はなゑさんの講演会でワークをすることで、さらにパワーアップ。人前で自分のことを話せなかった私が、言いたいことが言える自分になっていったのです。

美開運メイクを受けたことで、外見的にも変わっていきました。

今までの人生すべて、自分の思い込みで、我慢して生きてきたことに、やっと気づいたのです。

本当は、誰にも遠慮せず、ありのままに生きていっていいんだと、わかるようになりました。

それからは、職場でも言いたいことを言うことで、いじめがなくなったんです。

さらに、夫にも言いたいことを言って、やりたいことをやることに。すると、いつの間にか暴力がなくなりました。

そんなとき、夫に突然、仕事の話が舞い込みます。今まで12年間、働いていなかった夫に、です。車がなくても、時間にルーズでもＯＫという好条件。会社の車で出社時間に迎えに来てくれるという、親切な提案をいただき、今、楽しく働きに行っています。

今まで、夫に働いてもらおうと私が必死で職を探していたときは、うまくいかなかったのに、不思議でなりません。奇跡です！

夫も人柄も変わったよう。家事も率先してくれる優しい人に。見違えるほどの素敵な旦那様に変わりました。

私自身が我慢しないで、自分を大事にした結果、幸せの道が開けたのだと思います。

はなゑの一言

さとみさんは、私の講演会に何度も足を運んでくれ、叫んで心を解放するワークにも度々参加してくれました。本当に苦労したことを知っています。直接お話して、「働かない旦那とは、早く別れな」って、何度も言いました。

ただ、なかなか踏み出せなかった。人生、ずーっと我慢し続けたさとみさん。彼女にとってつらくても我慢することが当たり前だったのね。でも、私と出会い、自分を可愛がり大事にすることで、だんだん我慢ができなくなってきたのです。

そして、言いたいことを言えるようになったことで、彼女の波動が変わったんですね。会うごとに、明るくて、キレイになっていきました。

どんなに家庭の中が悲惨な状態だとしても、家庭の中でひとりでも我慢をやめて明るく生きること。ひとりが光り輝いていたら、他の家族もいつの間にかうまくいく方向へ向かうんです。それを示してくれた体験ですね。

ただね、それでもダメなら楽しく離婚ですよ！

体験談
その⑦

自分への縛りをやめ感情を表に出すと死にたいなんて思わなくなった

（ふらわんさん　30代・女性　会社員）

小さいころから、自分の感情を表に出すのが苦手でした。あえて、言いたいことは言わず、我慢をしていたんです。なので、親から見たら、言うことを聞くいい子だったと思います。

思春期にはいると、自分がこの世に生まれてきた意味がわからず、常に「死にたい」と思うようになります。生きるのが苦しくて、それを誰にも言えない。いつもいつも心にとげが刺さっている状態でした。

●死にたいけど、それもままならず、刹那的に生きる日々

ただ死ぬ勇気もなく、私は会社員となり、働きます。そのころ、仕事の人間関係で悩んでいました。イヤな上司に意地悪をされ、同僚ともうまくいかない。会社を辞めようかと思っていたとき、ある上司が、

「斎藤一人さんのＹｏｕＴｕｂｅ、すごくおもしろいよ。よければ、聞いてごらん」

と声をかけてくれたんです。私が悩んでいるのを知っていたのか、ただ偶然私が近くにいただけだったのか？　これは、謎なのですが、私は上司の言葉に促されるように、勧められたＹｏｕＴｕｂｅを聞くことにしました。

それまで、一人さんのことは、まったく知らなかったのですが、ＹｏｕＴｕｂｅの話を聞いて、衝撃を受けます。こんなに、心を解放してくれる人がいるなんて。

それに、優しい声を聞くことで、心が落ち着いて、安定するように。会社のこと、両親のことを考えると、眠れない日が続いていましたが、一人さんのおかげで、ゆっくり寝ることもできるようになったんです。

●美開運メイクで、自分を認められるように

一人さんのブログも読むようになり、さらにそこに書かれていたお弟子さん達のブログも見るようになります。その中で、舛岡はなゑさんの提案する美開運メイクに興味を持ったんです。

美開運メイクとは、一人さんの教えをもとにはなゑさんが考案した、福相になれるメイクのこと。〝今の自分を少しでもキレイにするだけで運は上がる〟という話を聞き、メイクをしてくれる「まるかん」の代理店へ行きました。

メイクをしてもらうと、今までとはまるで違う自分に出会うことができたんです。透明感のあるつやつやな肌、優しい色合い……表情まで変わって、私はすっかり美人さんに！　今まで、自分をキレイにすることさえ拒否していたことに気づきます。

この美開運メイクをした直後に、びっくりする出来事が起きました。悩みの種

だったイヤな上司が自ら退職してしまったんです。さらに、数週間後には、意地悪な同僚まで退職。行きたくない職場が、心地いい職場へ一変してしまいました。私はイヤな人がいなくなったことで、会社を辞めることなく、今でも楽しく続けることができています（笑）。

はなゑさんの講演会へも足を運ぶようになりました。はなゑさんの話で、〝自分を大切にすること、自分を愛すること〟が何より大事だということがわかりました。

まずは、まじめ、ムダな努力をやめることから始めることに。自分が我慢しても誰も救われないということがわかったんです。

そこから少しずつ〝楽しい、悲しい、怒る〟という感情を出せるようになります。そして、今では素敵な仲間たちも増えて、「態度がでかい」と言われるくらい、言いたいことが言えるようになっています（笑）。

メイクはもちろん、おしゃれもするようになり、外見も別人になりました。

それまで、感情を表に出すと嫌われると思いこんでいたんですね。いい子でいたかったのかもしれないです。

そんな自分を縛ることをやめて、自分自身を愛するってことがわかったら、「死にたい」なんて思うこともなくなりました。

今は、我慢しないで生きるって、本当に素敵なことだと感じています。

はなゑの一言

ふらわんさんは、お会いしたときから「死にたい、死にたい」と言って、よく泣いていました。それがある日突然、スッゴくキレイになって、自信を持って私の前にやってきたので、驚いたのを覚えています。言いたいことを言えるようになり、自分がキレイになることで波動が変わったんだと思います。自分を大事に思って、人生を謳歌するようになったのですね。「今は生きているのが幸せ」と私に報告してくれました。

彼女は、もともと人に何かをしてあげることが大好き。それは今でも変わりません。まわりの人に喜ばれることが、自分自身の心からの喜びになったのです。

これからは、今以上にもっともっと幸せになれますよ。

第5章

我慢している人への処方箋

私のまわりだけではなく、多くの人が我慢して毎日を過ごしています。我慢をどこへ持っていいのかわからない、どう解決すればいいのかわからない。そんな人たちの質問に、私、舛岡はなゑと、斎藤一人さんがお答えします。

Q1

私は高校の教師をしています。生徒に対して、愛を持ってほっておく、つまり「愛ほっと」を徹底するならば、現在の教師に必要なことは、なんでしょうか？　困った行動をしたり、騒ぎを起こす子どもに対しても、我慢して見逃しておいた方がいいのでしょうか？

（30代男性、教師）

はなゑさん　ほっておくと言っても、他の人の迷惑になる子どもは、見逃しちゃダメですよ。「ここでは騒がず、校庭で騒ぎな」「自分は自由にしていいけど、人にイヤがられないようにするんだよ」とか、愛を持って伝えるべき。**信じることは大事ですが、ダメな部分はきちんと指摘してくださいね。**

生徒一人一人になるべく目をくばることと、たとえば生徒同士でほめ合う時間をつくるとか、みんなの長所を3つずつ書くとか、そんなゲームを授業で取り入れてみてはどうでしょうか？　先生の知らない生徒の良い面を知ることができるはず。また、生徒にとってもいい面を発見できて、自信をつけることができると思いますよ。

先生によって、子どもの生き方も変わるので、ぜひ素敵な先生になってくださいね。

Q2

自分はダメな人間だと考えることが多く、自信が持てません。人が集まるときも、自分の意見を言って、どう思われるか心配で発言できません。目立たないように、いつも地味な服を着ています。本当は華やかな服も着たいし、言いたいことをおしゃべりしたい。でも、それができない自分がいます。何から変えていけばいいのでしょうか？

（30代女性、事務員）

はなゑさん　自分を華やかにしたいなら、ちょっとずつでいいので、見た目から変えてみたらどうかな？　10回で理想の華やかさになればいいから、1回ずつハードルを上げてみて！　初めは小さなネックレスやブローチからでいいんです。段々と理想の姿になるように加えてみてください。

自信が持てない人って、小さいころから親にしめつけられている人が多いんです。そうでなければ、前世から持ち越したものかもしれない。いずれにしても、自分はダメだという縛りから解放されるべきです。

私の講演会とか、セラピストの養成講座などに遊びにいらしてください。「銀座まるかん」には気のいい仲間がいるので、みんなでおしゃれして楽しめますよ。

きっと価値観が変わるはずです。

一人さん　一人さんはね、「えこひいきがいい」とか「浮気は楽しい」とか、「勉強しなくていい」とか世間ではいいと思わないことを、みんなの前で言えるところが自分で素晴らしいと思っているんだよ。個性的で、素敵だろ？

何かを変えてからではなく、そのままの自分をほめていけばいいの。一人さんのようにね。あなたなら、地味な自分は可愛いし、発言で生きない自分は愛おしい、ダメな自分も素晴らしい。そうやって、そのままの自分に自信を持つことだ。

自信を持つと、態度から変わるし、見た目も変わるよ。

Q3

ナースをしています。仕事上、トラブルや問題は多々あります。はなゑさんの「言いたいことはすぐに言う、我慢しちゃいけない」という講演を聞いてから、同僚や直属の上司には、「イヤなことはイヤだ」と言えるようになりました。ただ、ドクターや放射線技師などナース以外の人へ不満を言えないでいます。同僚に迷惑をかけなくないし、我慢しているのですが、どう対処すればいいのでしょうか？

（40代女性、看護師）

はなゑさん　立場が違うからと言ってしり込みする必要はないと思いますよ。ナースって、患者さんにとって一番身近な存在です。患者さんのことを考えて必要なことなら、ドクターや技師にもハッキリ言った方がいいんです。命がかかわる場合もあるからね。**わがままを通すのと、愛を持って筋を通すのとは違います。**

もし、それが難しいなら、直属の上司に訴えてみたらどうかしら？　ナースの上司には言えるようになったのだから、まずは言える人に相談してみるのも一つの方法ですよ。

Q4

認知症の父親と暮らしています。自分のことはまともにできない、同じことを何度も聞く父。病気だとわかっていても、我慢できずに怒ってしまいます。でも、そんな自分が情けなくて、あとになって心が苦しくなります。私ひとりで介護しているため、我慢をどこへ持っていっていいのかわかりません。

（60代女性、会社役員・主婦）

はなゑさん　あなたひとりで介護するのは、本当に大変だと思います。自分を追いつめないでくださいね。デイサービスとかショートステイとか、訪問介護など、プロに任せられることはすべて任せてしまいましょう。

今は、時間にも心にもゆとりがない状態だと思います。自分だけの時間を作って、遊ぶことですね。コンサートに言ったり、旅に出たり、カラオケに行ったり、なんでもいいの。好きなことを楽しむことです。

それからね、お父さんの手を触ってあげてみてください。それだけで、脳の血流がよくなり、認知症にいいんですよ。ぜひ、やってみてください。

一人さん　ラクな道を選んだ方がいいよね。今はさ、いろんなことが進歩してるんだよ。大阪行くんだって、東海道を歩いては行かないだろ？　新幹線の方がラクで早いんだよ。だからね、施設のお世話になるとか、ヘルパーさんに来てもらうとか、**あなたがラクな道を選んでいいの。誰も文句は言わないよ。**

それが、心苦しいのなら、我慢して苦労する方があなたにはラクなのかもしれないね。

Q5

就活中です。就活を始めたときは、自分をアピールしようと意欲的に多くの会社へエントリーしていたのですが、やりたい職種の会社に落ちまくって、プライドはズタズタです。いい大学でもないし、さほど功績もない、やはり自分は無理なのでしょうか？　自信はなくなり、やる気もなくなってきています。就活生活に我慢できなくなってきました。

（20代女性、学生）

はなゑさん　腐らずに自分を信じてあげてほしいです。**まずは、どこでもいいの、仕事につくこと。**そこで、不満ならば、また探せばいいだけ。令和時代、就職先は山ほどあります。未来は明るいのです！

私なら小さい会社を選ぶな。なぜなら、大きな会社で仕事をしても、私がした仕事の影響力はごくわずかでしょ？　でも、小さな会社なら、自分のアイデアや提案が通りやすいし、目に見える形で会社に貢献できる。有名な会社、大きい会社より、働きがいはあると思うよ。

一人さん　入れてくれる会社がいい会社。まずはどこでもいいから勤めてお金を稼いでみたらいいんだよ。イヤなら辞めていいしね。ずっと続けていこうと思うから、いろいろ考えちゃうんだ。

今は人手不足で、人手が足りなくて店がつぶれる時代なんだよ。いくらでも働き口はあるから。まずは、社会人になることだ。

Q6

やりたい仕事があります。でも、今の仕事のお給料を考えると、やりたい仕事への一歩を踏み出すことができません。たぶん、収入は半減してしまうはず。結婚しているので、生活はできると思いますが、やはり自分の仕事できちんと収入を得たいと思うんです。もう、1年近く迷っています。迷っているなら、このままの方がいいのでしょうか？

（30代女性、OL）

はなゑさん　生活できるなら、やりたいことをやるべきだと思うけど。私なら、即実行します。もちろん、何かを始めるときは、覚悟が必要です。ただ、やるときはお金を極力かけずに、自分ができる範囲でやること。損をする前に撤退することも考えておくべきです。

迷っているなら、今の仕事をやりながら、やりたいこともやってみれば？　白黒はっきりさせなくても、同時進行でもいいと思います。ウジウジするより、一歩踏み出した方がいいですよ。

一人さん　なんで、収入が減る仕事をやりたがるんだい？　収入が減る仕事なんて冗談じゃない。収入が減ることを選ぼうとすること自体おかしいよ。やりたいことは収入を増やすことなんだよ。あなたはやりたいことをやると、収入が減ると思いこんでいる。

〝思い〟が人間を作っているからね。「何があっても大丈夫、収入が減るなんて絶対ヤダ」って思うことだ。すると、いろんな知恵が出てくるんだよ。

イヤな仕事をしている人が収入が多いなんて、世の中は闇だよ。イヤな仕事をしている人は、それだけで苦労しているということなの。それでね、楽しい仕事をしている人の方が実際にうまくいくの。

そうじゃなきゃ、神の世界から遠のくよ。

Q7

女性だけに生理があるということが、本当に我慢できません。生理になると、頭はいたくなるし、憂鬱になる、いいことは一つもない。なのに男子は、なんにもなくのうのうとしていることにいら立ちます。生理だと親切にされるのもイヤ。だけど、気づいてもらえないのも頭にきます。

(10代女性、学生)

はなゑさん　あなたはね、どうもならないことに、イライラして不満が溜まっているんだと思うの。一つの方法として、紅花《べにばな》のお茶を飲むといいみたい。生理痛も和らぎ、心も安定すると思います。「銀座まるかん」のサプリメント「美龍」もお勧めです。あとは、バランスのよい食事を心がけてくださいね。

男の人に怒りたくなるというのは、以前に男の人に我慢してきたことがあるのかもしれないし、今世ではなく前世でひどい目にあったのかもしれない。これは魂の中に刷り込まれたもので、仕方がないんです。鬱憤が溜まってきたら、人の迷惑にならない場所で、叫ぶことですね。（P168）大声で「男はズルい、バカヤロー」って叫ぶとか。心の中のトゲを取って、解放してみてくださいね。

一人さん　男って玉が2つあってね、これをぶつけると本当に痛いんだよ（笑）。なんで男には玉があるのかって、思うこともあるんだよ。これは、女の人にはわからないだろ？

女性にもイヤなことがあるけど、男にもある。そう思うと、少しはラクになるんじゃないかな？

Q8

ワンマンな主人と結婚して55年になります。商社に勤めていた仕事人間な主人は、家では縦のものを横にもしない人。傲慢で、自慢屋の主人のことを、ずっとずっと我慢してきました。さらに、主人は定年後、病気の影響で耳が聞こえなくなり、輪をかけてわがままに。我慢から解放されるにはどうしたらよいのでしょうか？

（70代女性、介護士）

はなゑさん　答えは簡単。イヤなら別れる！ってこと。そんなに我慢する必要はありません。仕事もしているんだし、あなたが困ることってあるのでしょうか？

別れて、自分のやりたいことを思いっきりやればいいんです。

旦那さんが変わるのは、あなたが「本当に我慢できないので別れたい」と言ったときです。このまま我慢をしていると、あなたが心労で病気になってしまうかも。でもね、病気になるのはやめよう。だから、別れた方がいいです。

もし、別れることができないなら、縦のものは縦のままにしておくとか、聞こえない旦那さんの横で文句を言ってみるとか、そんな可愛い抵抗をしてもいいんじゃない？　今こそ、主導権を握って、「イヤなことをやらない」を貫いてください。そして、旦那さんのことは気にせず、自分の時間を楽しんでほしいです。

一人さん　そこまで我慢しているなら、我慢し続けるかもしれないね。そういうのがラクだと思う方の人なのかもしれない。**我慢が得意な人もいるからね。それでよければそのままでいいよ。**

でも、本気で我慢したくないなら、はなゑちゃんが言うように、何かを一歩踏み出すことだね。

Q9

カフェでウエイターのアルバイトをしています。少し値段が高めのカフェのためか、お客様のクレームがあります。「なんでこんなに高いんですか？」「お代わりはないんですか？」などなど。料金の説明など丁寧にしてはいるのですが、だんだんバカバカしく思えてくるんです。値段もわかって注文しているのに、なぜ文句を言われなきゃいけないのか？　お客様にキレそうで怖いです。

（20代男性、学生、アルバイト）

はなゑさん　アルバイトなのでね、あっ、アルバイトじゃないにしても、イヤならやめてもいいと思います（笑）。もっとあなたがやりたいようなバイトはいっぱいあるからね。

実はね、あなたがこのお店の料金が高いと思っている。だから、うまく説明できないし、文句言う人が引き寄せられちゃうんだと思うの。

正直言うと、お店のオーナーはあなたのような考えの人はいてほしくないと思いますよ。ほとんどのお客様は、ステイタスを感じているから来ているのです。

もちろん、オーナーもそう思っていますよ。

Q10

結婚30年目に、事業に失敗した主人がいきなり、失踪してしまいました。離婚届が置いてあったので、すぐに離婚し、借金からは逃れましたが、マンションも取られ、子どもと3人、行く当てもなく地獄の日々を過ごしました。あれから3年、どうにか普通の暮らしができるまでになりましたが、なんの相談もなく勝手に行方不明になった主人を許せません。我慢の3年間を返してほしいです。

（50代女性、アパレル勤務）

はなゑさん 離婚してなかったら、あなたが借金に追われていたかもしれません。

もしかしたら、旦那さんの愛かもね。

そう思って、次に進んでくださいね。

Q11

私は将来作家になりたいです。でも一つ問題があります。私はごく親しい人以外は、職場の人にも自分の年齢をあかしていません。いつも適当にごまかして、外見的に若く演出しています。文学賞に挑戦したいのですが、もし賞を取れば、私の実年齢がバレてしまうと思うと恐くて、公募のチャレンジを我慢しています。どうすればいいでしょうか？

（40代女性、ＯＬ）

はなゑさん　まずは、チャレンジしてから考えればいいんじゃないかしら？　受賞したら、出版社の広報に「年齢は不詳としてください」と言えばいいだけ。今は、かなりこういう人がいますので、大丈夫ですよ。

この受かる前提の質問がおもしろいですね（笑）。こういう人は、受かりますよ。がんばってくださいね。

Q12

交際しているときは頼りがいのある人と思っていましたが、結婚生活が長くなってくると口が達者な主人にいつも言い負かされてしまい悲しい気持ちになります。自分の意見を言っても仕方がないと最近は思えてきました。こういう主人とどうつき合っていけばいいのでしょうか。

（30代女性、主婦）

はなゑさん　どうつき合えばいいかと問われれば、「私だったらつき合わない」が答えです。自分の意見が言えないなんて、つらいものね。私なら別れた方が幸せです。

あなたに別れる気がないのなら「自分はクレーマーと生活していて、クレームの処理で生活費をもらっている」って、思うことにする。それで、あなたの気持ちがワクワクしたり、クスッと笑えるなら、それでいいと思うの。

でも、気持ちが晴れないのであれば、一歩踏み出して、旦那さんのいいなりに

ならない強い女になることです。

一人さん　結婚前と後では、誰もがちょっとは変わるよ。初めはいいところを見せようとするからね。イヤなら1時間でも早く、別れちゃいな。

人間はね、どんな環境にいても楽しくすることを考えるべきなんだよ。麻雀するとかさ、フラダンスするとかね、その人のできる範囲で好きなことをすることだよ。神さまってさ、幸せをあきらめちゃう人が大嫌いなんだ。ダメだって思っちゃいけないんです。**どんなときでも、好きなことをやって楽しむことだね。そういう人を神さまも応援してくれるからね。**

Q13

私は東京の大学へ上京し、行く行くは東京で働きたいのですが、両親から女の子が県外に出ることを反対されています。しかし、家を出たい気持ちを抑えることができません。かといってここまで育ててくれた親の気持ちを思うと無理に家を出ることも申し訳ないです。この状況に我慢できなくなってきました。

（10代女性、学生）

はなゑさん　親の言うことを聞く必要はないんです。あなたは親の所有物ではないんだから。これで、言うことを聞いていたら、どんな場面でも言いなりになってしまいますよ。会社の上司、結婚相手……みんなに支配されてしまいます。こういう子は、反抗期がうまくできなかった人に多いんですよね。

親を説得する必要はない、そして親の言いなりにならないこと。「親が納得しなくても好きなように生きる」。これが答えです。女とか、男とか、今の時代関係ないしね。我慢することはない、大丈夫ですよ。

一人さん　親に「あそこの店でパン盗んでこい」って言われたら、盗めるかい？　そんなことできないよね。はなゑちゃんが言うように、あなたが納得いかないことは、親の言うことでも従わなくていいの。親と子は大なり小なり対立するもの。ここで親に逆らわないと、社会に出ても結婚しても相手に従っちゃうよ。**親のわがままだからね、逆らっていいんだよ。**

Q14

仕事でノルマ達成のために自分が希望しない業務もしなくてはならず、段々とやりたい仕事ではなくなってきました。しかし、家族を考えると生活のためには仕事をしなくてはならず、この気持ちをどこへ持っていけばよいかわかりません。

（30代男性、会社員）

はなゑさん　あなたは、遊びが足りないと思います。遊んでないと壊れちゃうよ。遊ぶ暇がなくても、遊んでみてください。

仕事のノルマは、ノルマではなく目標と捉えてみてください。遊んでワクワクしていれば、おもしろいアイデアや新しい発想が浮かんでくるものなの。それが目標達成につながるんです。自分を楽しませてあげて！　「努力よりひらめきの方がうまくいく」って一人さんも言っています。

いい〝ひらめき〟をいただくためにも、もっと遊んでみてください。

一人さん　この際、彼女を作ればいいんじゃないか？（笑）。一人さんは、みんなとは違う答えを出してみるよ。

自分の壁を壊してごらん。**苦しみが多い人は楽しみが少ないんだよ。**苦しみがあると苦しみを解決しようとするけれど、そんな必要ないの。釣でもいい、マラソンでもいい、彼女を作るのでもいい。楽しみを増やしてごらん。いつの間にか道が開けていくから。

Q15

娘が大学受験に失敗し、希望しない大学に入ったものの大学を途中でやめ、家に引きこもりがちになってしまいました。挙句の果てに、「なぜ大学中退になることをもっと親として反対しなかったのか」と私に激しく抗議してきます。この娘とのやりとりに我慢できなくなってきました。

（50代女性、主婦）

はなゑさん　あなたは、娘に我慢しなくていいですよ。むしろしない方がいいです。元々あなたは娘に、好きなことをさせていなかったんです。娘さんは、ずっと親の言うことを素直に聞いてきたんだと思うよ。**今からでもいいから、自由にさせてあげてください。**

娘さんはね、親のあなたに仕返ししているの。今までコントロールされてきたことに、気づいたんだよね。もう、子どもを見張るのをやめて、お母さん自身が楽しむことです。飲みに行ってもいいし、趣味を見つけてもいい、誰かのファンになって追っかけるのもいい。「お母さん、楽しみを見つけたから出かけるわ」って言って、おしゃれして外出してください。

そして、娘には「ごめんね、お母さんだって間違うことはあるよ。人間だもの。それ以上言ったら、いじめになるよ」「もう、これからは好きなことをやっていいよ」「もし、大学へ行きたいのなら、いくつになっても行けるから大丈夫だよ」。って、言ってあげるの。

この娘さんに一人さんのテープを聞かせてあげたいな。世の中、学歴ではないと理解できるはず。


一人さん　このお母さんは、娘のことを常識と言う名の縛りで、がんじがらめにしていたんだと思うよ。大学受験のときも、娘と一緒になって心配したり、落ち込んだりしたんだよな。

そんなことをしなくてよかったんだよ。そのままの娘を信じてあげて大好きだよって言って、好きなことをさせてあげればよかったんだ。

これからでも遅くないよ。はなゑちゃんが言うように、お母さんが遊ぶことだね。そうでもしなければ、お母さん自身が気が付いていない〝常識〟という自分への縛りも取れることはないからね。

Q16

社会人になると、出身大学を話す機会が多くなります。三流大学の私は、あまり言いたくないのですが、話の流れで結局カミングアウトすることになっちゃいます。言いたくないことを言わなきゃいけないことに、耐えられません。断ってもいいのでしょうか？

（20代男性、会社員）

はなゑさん　あなたが言いたくないのなら、まわりを気にせずに断ってもいいですよ。

もし、大学の名前を聞かれたら、「大した大学ではないので、聞かないでください」とか「言えるような、いい大学ではないので」と言ってたらいいと思います。

大学の名前で、その人の価値を決める時代ではありません。仕事っぷりであなたを見てもらいましょう。そのためにも、いい仕事をしてくださいね。

第6章

我慢を溜めてしまったときの解消法

解消法
1
叫んで心の大掃除をする!

イヤなことを大声で「叫ぶ」。これは地獄言葉(P178)とは全く違います。誰も傷つけずに心の大そうじをする最適な方法なんです。

わかってほしいのは、イヤなことを叫ぶといっても悪口とは違うんですよ。誰にも迷惑をかけず、心のごみを取り払うだけ。叫ぶことで、子どものときから知らず知らず、たまってしまった心のモヤモヤが取り去られ、心の大掃除ができるんです。

どのような方法かと言うと、ひとけのないところで、大声で日ごろの不満や鬱憤を言葉にしてみる。

「おやじのバカヤロー、ふざけるなー」

「課長のいじわる! イヤな仕事を押しつけるな」

「くそばば〜うるさい〜。干渉するな。」

このように、とにかく今の思いを叫ぶんです！

この本を読んだからには、あなたも一度吐き出しちゃいましょう。うまく発散すれば、スッキリ次に向かうことができます。これは心を浄化する神ごとなんです。

私が行っている「セミナー講演会」のワークでは、ストレスを解消するための「叫び」の時間がありますが、みんなスゴい勢いで、明るく叫んでいるんですよ。参加者は、大音量の音楽の中、言いたいことを絶叫しています。明るく、楽しく、**心の大掃除をするんです。**

大声で叫んだあとは、不思議なことに、みんながスッキリと、笑顔になるんです。なかには、何にモヤモヤしていたか思い出せない人も（笑）。

1回のワークでは取り切れない深い恨みもあります。こういう人は、何度も叫びたくなるの。みんなあまりのスッキリ感に、私の講演会はリピーターが多いんです（笑）。

もちろん、私の講演会に参加できなくても大丈夫です。大きな声が出せれば自分の部屋でもいいし、車の中でもいい、海でも山でも叫べるところで叫べばいい。都会なら、カラオケルームを利用するのも一つの方法です。部屋でクッションを投げまくって発散するのでもいいんです。こうして心をリセットしていけば、我慢をしなくなり、人を恨むことはなくなります。恨むどころかたくさん愛を感じるようになるんです。

たまにワークを初めて参加する人から、「グチや不満を叫んでいいんですか？」「地獄言葉にはならないのですか？」と聞かれることがあります。確かに、グチや不平不満は魂の波動を下げます。でも、地獄言葉と、大声でイヤなことを叫ぶ「心の大掃除」は別のもの。神社のお祓いと同じで、イヤな気持ちを払う行為なのです。モヤモヤを消すことで、心がキレイに浄化され、魂が向上していくんです。波動が変わり、人生がよりよい方へ向かいます。だから、ここでは、イヤだったことをハッキリ叫んでいいんです。というより、叫んだ方がいいんです。

4章の体験にもありましたが、人を変えるのではなく、自分の〝思い〟を変え

ることが大事なんです。〝思い〟が変われば、イヤな上司も出てこないし、面倒な友だちも近寄ってきません。イヤな人が出てこない世界へ行くことができるんです。

気持ちを切り替えたら、もう大丈夫。次にイヤなことを言われたり、やられたりしたら、その場で「イヤな気持ちになったから、やめてください」と伝えるだけでいいんです。

解消法 2

自分を愛する!

我慢している人の多くは、自分自身を愛せていないんです。もし我慢が解消できないならば、自分を愛するということから始めてみませんか?

「自分を愛するとは、そのままの自分を認めること。そのままのあなたでいていいんだよ」

と一人さんは言います。ただ、そのままっていうことがわからない人もいるんです。

まずは、自分を目いっぱいほめてあげてください。

「我慢していた私って偉かったな」ってね。そして、ちょっとしたこともほめてあげるんです。「本当は行きたくないのに、毎日、きちんと会社に行っている自分は偉い」「メイクをした自分は可愛いわ」「電車で席を譲った私はスゴい！」。自分で自分をほめて、甘やかしてあげるのです。

一人さんは、

「自分をほめていたら夜が明けちゃうんだよ（笑）。それくらい、自分をほめてあげるんだよ。学生のとき、一度だって宿題をやったことなかった。この意志の強さが大好きなの（笑）」

と話してくれたことがあります。

自分の一番の味方は自分なんです。いいところだけではなく、欠点もほめちゃえばいいんです。ちょっとダメなところもその人の特徴。神がつけてくれた個性と思うと、ラクになれるでしょ？

たとえば、私は掃除が苦手だけど、散らかす自分が笑っちゃうくらい大好き。こんなふうに自分を許していると、なぜか片づけ上手な人が現れるんです。落ち度だらけの自分を責めないと、責めない人が集まってくるの。

「遅刻ばかりする自分も可愛い」「物忘れが激しいところも大好き」「せっかちな

ところも個性なんだ」。このように自分の欠点もほめていくと、自分が大好きになる。これができれば、他人の欠点も許してあげることができるようになるんです。

次に、自分の好きなことを、自由にやってみることです。誰でも夢中になることと、やりたいことってあるでしょ？

釣りでも、フラメンコでも、スポーツ観戦でもいい。麻雀でも、カフェ巡りでも、好きなアイドルを追っかけるのでもいいんです。できる範囲で、自分が楽しめることに時間をかけてあげてください。

引きこもりの子どもがいても、高齢の両親を介護していても、やりたいことをやっていいの。誰にも遠慮はいらないんです。好きなことをやり始めると、我慢していたことを知らず知らずのうちに忘れることができちゃいます。

ただね、我慢ばかりしていると、自分が何が好きなのか、わからなくなってしまう人も多いんです。そんなときは、「好きな食べ物を食べる」ということから始めてもいいと思います。うなぎでも、ステーキでも、お寿司でも、好きなものを食べて、自分を喜ばせてあげてみてください。そこから、自分を取り戻すこともできるのです。

解消法 3

言霊を大切にする！

日本という国は「言霊《ことだま》の国」と言って、話す言葉によって、その人のこれからが決まると言われています。いい言葉を話せば、本当にいいことが起きちゃう。悪い言葉を話すと、現実に悪いことを引き寄せちゃう。だから、声に出して話す言葉には注意しなくちゃいけないんです。

一人さんと出会った頃、私は「天国言葉」と「地獄言葉」を教えてもらいました。天国言葉は、「愛してます」「ついてる」「うれしい」「楽しい」「感謝してます」「しあわせ」「ありがとう」「許します」の8つの言葉。こういう、自分もまわりも幸せにするような言葉を日常的に使うことで、またその言葉を言いたくなるような、いいことが起きるのです。

パートナーには「いつも感謝しています、愛している」、子どもには「あなたがいてうれしいわ」、友だちには「一緒にいて楽しい」。こんふうに声をかけてみてください。照れくさいなと思うことやわかってくれていると思うことでも、言葉に出すことが重要です。言わなくてもわかっていると思っていても、言ってみたら意外と通じていないことも多いものです。

さらに、小さなことにも幸せを感じて、言葉に出してみる。「オレは幸せだ」「私は幸せです」と言ってみてください。たとえ、落ち込んでいたり、うまくいかないことがあっても「幸せ」って声に出して言ってください。そうすれば、幸せの波動が寄ってきます。

それだけではありません。「ありがとう」をたくさん言うと、「ありがとう」と言われることが多くなる、「うれしい」をいっぱい言えば、「うれしい」と言われるようなことが多くなるのです。これが、言葉の魔法なんです。

逆に、使ってはいけない「地獄言葉」とは、「恐れてる」「ついてない」「不平不満」「グチ・泣き事」「悪口・文句」「心配事」「ゆるせない」など、聞いていて不快な言葉。これを話していると、もう一度同じ言葉を言ってしまうような、イヤなこと、不幸なことが起きるんです。

地獄言葉は、自分が言わないようにするだけではなく、言う人がいたら話をそらしてあげること。地獄言葉を言わないようにしてあげるのも愛なんです。

ただね、理不尽にひどい言葉を言われたり、気持ちを害するようなイヤなことをされたりすることもあります。そういうときは、正当な主張をしなければいけません。

イヤだなと思ったら、「それは違うと思います」「今の言い方はやめてもらえませんか」って、言った方がいいんです。言われてイヤなことは、なるべくその場で言う。これが大事です。

何度も言いますが、可愛らしく爽やかに言うこと。我慢しすぎちゃう人って、これができなくて不満を溜めていくんです。ぜひ、小さなうちに、格好よく意思表示をするクセをつけてくださいね。

解消法4

見た目を変える！

気持ちを切り替えるのに時間がかかる人は、見た目を変えるのも、一つの手です。我慢を重ねている人は、身なりを整えることすら忘れてしまうことがあります。まずは、鏡を見て！　あなたはもっと明るくて、美しくて、華やかであっていいんです。女性だけではありませんよ。男性だっておしゃれでキレイな方がいいに決まっています。

「幸せになるのは、実はスゴく簡単なことなんだ。見た目をよくするだけでいいんだよ。普通、外見だけキレイでも、心が汚いのでは意味がないと思うでしょ？でも、内面をキレイにしたいなら、まずは外側からキレイにすることも大事なんだ。見た目が変わると心の中だって変わってくるんだよ」

って一人さんは教えてくれました。まず、おしゃれをすると、自分自身が幸せな気持ちになる。そして、見た目が美しいと、第一印象が変わってきます。第一印象が変わると、出会う人も変わるんです。イヤな人も寄ってこなくなります。

どんな見た目がいいのか、一人さんに聞くとこんな答えが返ってきました。

「肌のつやが大事だね。顔の肌がつやつやに輝いてないとね。それから、華やかでキラキラして、見ていて元気をくれる笑顔の人だよ。女性だけじゃない、男だってそうなんだよ。こういう人が、運を引き寄せるんだよ」

見た目を変えるため、まずは肌のつやをよくすること。クリームなどを少し多めにぬって、健康で、つやつやかな顔でいると、心も元気になってきます。

まわりを見てください。運がいい人、幸せをつかんでいる人、豊かな人、成功している人は、必ず肌につやがあるんです。一人さんも、そう（笑）。

肌につやがあるだけで、パワーが出てくる。それを実感した私は、つやを出しながら、より愛され顔になる「美開運メイク」というメイク法も考案しました。

つやの効果は絶大です。

さらに、アクセサリーを身につけてみましょう。キラキラ光る宝石やアクセサリーをつけると、自分だけではなく、まわりの人も楽しくなるんです。宝石は「魔よけ」の効果もあるそう。その昔から、宝石など光るものは、災いを寄せつけないと言われていたからなのです。

宝石は、イミテーションでもＯＫ。自分が購入できる範囲のアクセサリーでかまいません。見た目をよくしたいなら、まずは一つから試してみてはどうでしょう？

身ギレイになったら、表情も豊かにしたいもの。運をつかむには、〝笑顔〟が一番効果的です。我慢している人の顔は、眉間にしわが寄って、口も一文字になっているはず。口角を上げて、目じりを下げて、素敵な笑顔になってみましょう。笑顔が出るようになれば、イヤなことを考えられなくなります。

ただし、美しい笑顔って、意外と難しいものです。観音様のような、優しくあったかい笑顔になれるように、毎日、鏡に向かって「私の笑顔って最高」って笑顔で言ってみる。これ、魔法の言葉でスゴい効果的ですよ。

「つや、キラキラ、笑顔」の3種の神器を身につける。見た目を変えれば、心も変わり、我慢していた気持ちを一新することができますよ。

解消法5

いいエネルギーを蓄える！

我慢って、多くのエネルギーを使ってしまうんです。我慢をしていると、どうしてもその相手を憎んだり、恨んだり、羨んだりしてしまうもの。こんなことをしていると、自分のエネルギーがどんどん枯渇して、何か生み出すパワーさえなくなっちゃうんです。

我慢しているだけで、何もしていないのに、疲れるし、暗くなるし、華やかさも美しさも失われてしまいます。これでは、幸せが逃げていくのは当然なんです。

逆に言えば、我慢をやめただけで、エネルギーはたまっていきます。だから、エネルギッシュに活動している人は、我慢知らずの人が多いんです。何かに夢中に取り組んだり、楽しいことに熱中したり、好きなことに邁進したりする。すると、さらにいいエネルギーを蓄積することができます。
だから、「我慢をやめなくちゃ」ではなく、「楽しいことをやろう」と考えれば、自然と我慢もなくなるものなのです。

いいエネルギーを蓄えるには、我慢は大敵。もっと飛躍したい、もっと成功したいと思うなら、自分の中から我慢を追い出すことが大事なんです。

まずは我慢をやめてみる。そうすると、自然とエネルギーが湧き、自分なりに何かをしたくなってくるのです。

おわりに

我慢しなくて生きられたら
どのくらい幸せだろう
と思っている人が
たくさんいると思います。

それほど、我慢は
つらくて苦しいものです。

その我慢から

少しでも逃れることができたら
それだけで幸せです。

この本には、精一杯
我慢から逃れる方法が書いてあります。
少しでもお役に立てれば幸いです。

斎藤一人

斎藤一人さんのお弟子さんのブログ

柴村恵美子さんブログ
「斎藤一人 一番弟子 柴村恵美子公式ブログ」
https://ameblo.jp/tuiteru-emiko/

みっちゃん先生ブログ
「みっちゃん先生公式ブログ」
http://mitchansensei.jugem.jp

宮本真由美さんブログ
「斎藤一人・宮本真由美 芸能人より目立つ!! 365日モテモテ♡コーディネート♪」
https://ameblo.jp/mm4900/

千葉純一さんブログ
「斎藤一人 弟子 千葉純一」
https://ameblo.jp/chiba4900/

遠藤忠夫さんブログ
「斎藤一人 遠藤忠夫 感謝のブログ 5匹の猫と友に」
https://ameblo.jp/ukon-azuki/

宇野信行さんブログ
「のぶちゃんの絵日記」
https://ameblo.jp/nobuyuki4499

おがちゃんブログ
「いつも顔晴る笑顔が一番」
https://ameblo.jp/mukarayu-ogata/

斎藤一人さんの公式ブログ

https://ameblo.jp/saitou-hitori-official/

一人さんが毎日、あなたのために、
ついている言葉を日替わりで載せてくれています。
ぜひ、遊びに来てください。

舛岡はなゑさん最新情報

舛岡はなゑさんの最新情報については以下をご確認ください。

YouTube
舛岡はなゑ はなちゃんねる

舛岡はなゑ
講演会日程

[ブログ]
https://ameble.jp/tsuki-4978/

[インスタグラム]
https://www.instagram.com/masuoka_hanae/?hl=ja

斎藤一人（さいとう・ひとり）

東京生まれ。実業家・著述家。ダイエット食品「スリムドカン」などのヒット商品で知られる化粧品・健康食品会社「銀座まるかん」の創設者。1993年以来、全国高額納税者番付12年間連続6位以内にランクインし、2003年には日本一になる。土地売買や株式公開などによる高額納税者が多い中、事業所得だけで多額の納税をしている人物として注目を集めた。高額納税者の発表が取りやめになった今でも、着実に業績を上げている。また、著者としても「心の楽しさと経済的豊かさを両立させる」ための本を多数出版している。『眼力』（サンマーク出版）『強運』（PHP研究所）『令和の成功』（学研プラス）『仕事と人生』（SBクリエイティブ）『一日一語　令和編』（ぴあ）など著書は多数。

舛岡はなゑ（ますおか・はなえ）

東京都江戸川区生まれ。実業家。斎藤一人さんの弟子の一人。病院の臨床検査技師を経て、喫茶店「十夢想家」を開く。偶然、来店した一人さんから「精神的な成功法則」と「実践的な成功法則」の両方を学び、その後女性実業家として大成功を収める。東京都江戸川区の長者番付の常連に。現在、「一人道セミナー」、「開運メイク」など、全国での講演活動も精力的に行っている。著書に、『斎藤一人 奇跡のバイブル』（PHP研究所）、『人にもお金にも愛される 美開運メイク』（マキノ出版）『斎藤一人 この先、結婚しなくてもズルいくらい幸せになる方法』（KADOKAWA）『男を上げる女 女を上げる男』（ぴあ・共著）などがある。

斎藤一人
我慢しない生き方

2020年3月20日　初版発行

著者　斎藤一人 舛岡はなゑ
発行人　木本敬巳
企画・原稿・編集　相川未佳
編集　丸野容子
装丁・デザイン　金井久幸+藤 星夏（TwoThree）
DTP　TwoThree
発行・発売　ぴあ株式会社
〒150-0011
東京都渋谷区東1-2-20
渋谷ファーストタワー
03-5774-5262（編集）
03-5774-5248（販売）
印刷・製本　中央精版印刷株式会社

ISBN978-4-8356-3959-8